ネイティブが教える

イギリス英語フレーズ 1000

マリ・マクラーレン

コスモピア

はじめに

　多くの日本人の英語学習者は中学校、高校、大学を通じてアメリカ英語を勉強しています。つまり、アメリカ英語の発音やスペル、ボキャブラリーを学びます。しかし、実際には「英語」にはいろいろな種類があります。イギリス英語もありますし、オーストラリア英語、アイルランド英語、インド英語などさまざまな種類の英語があります。それぞれの英語圏の国では違う「英語」を使っています。そのため、初めてイギリスに行く日本人の方はたとえ英語がとても上手だったとしても、困る場合があります。それまで聞いたことのなかったイギリス英語の発音や単語、フレーズがいきなり耳に入ってくるからです。そのギャップを埋めるために私はこの本を書きました。

　イギリス英語を覚えると、イギリス人だけではなく、イギリス英語を学校で勉強する世界中の人々ともコミュニケーションを取ることができるようになります。例えば、ヨーロッパの国々ではほとんどの人は学校でイギリス英語を勉強しています。アフリカの各国やインド、中国でもイギリス英語が教えられています。いろいろな国の人とコミュニケーションを取るのに、イギリス英語の知識が役立つのです。

　それにイギリス英語に特有の単語やスラング、フレーズを覚えれば、イギリスのカルチャーや歴史、イギリス人の考え方や価値観をもっと深く理解できると思います。なぜなら、言語は文化を反映するものだからです。

この本では、シンプルな文法で構成された、実際に使えるイギリス英語の単語とフレーズをたっぷり紹介しています。英語初心者でもすぐに使えるフレーズも紹介されていますし、英語上級者の方でも新しい単語や表現に出会うことができるでしょう。また日常会話で使えるイギリス英語のフレーズだけでなく、SNSで使える表現も取り上げています。これらの多彩な表現はきっとイギリスの人々といろいろな場面でやり取りするのに役立つことでしょう。

　Practice makes perfect（継続は力なり）ということわざがあります。これは外国語を学ぶ際には特に当てはまる言葉だと思います。イギリスに行く際にこの本で紹介するフレーズを実際にがんばって使ってみることで、あなたの英語レベルは自然と確実に上がることでしょう。それだけでなく、本書を読んだ後のあなたのイギリス滞在が極めて楽しく充実したものとなることを心より願っております。

2023年11月27日　マリ・マクラーレン

Contents

13 | **Unit 1 家**

定番表現 20 ················· 14 　　つぶやき表現 36 ················· 18
会話表現 10 ················· 30 　　ダイアローグ················· 34
セルフチェック················· 36

37 | **Unit 2 交通機関**

定番表現 20 ················· 38 　　つぶやき表現 36 ················· 42
会話表現 10 ················· 54 　　ダイアローグ················· 58
セルフチェック················· 60

61 | **Unit 3 語学学校**

定番表現 20 ················· 62 　　つぶやき表現 36 ················· 66
会話表現 10 ················· 78 　　ダイアローグ················· 82
セルフチェック················· 84

85 | **Unit 4 レストラン**

定番表現 20 ················· 86 　　つぶやき表現 36 ················· 90
会話表現 10 ················· 102 　　ダイアローグ················· 106
セルフチェック················· 108

109 | **Unit 5 カフェ**

定番表現 20 ················· 110 　　つぶやき表現 36 ················· 114
会話表現 10 ················· 126 　　ダイアローグ················· 130
セルフチェック················· 132

133 | *Unit 6* パブ

定番表現 20 ……………… 134 つぶやき表現 36 ……………… 138
会話表現 10 ……………… 150 ダイアローグ……………… 154
セルフチェック……………… 156

157 | *Unit 7* ショッピング

定番表現 20 ……………… 158 つぶやき表現 36 ……………… 162
会話表現 10 ……………… 174 ダイアローグ……………… 178
セルフチェック……………… 180

181 | *Unit 8* ランチタイム

定番表現 20 ……………… 182 つぶやき表現 36 ……………… 186
会話表現 10 ……………… 198 ダイアローグ……………… 202
セルフチェック……………… 204

205 | *Unit 9* レジャー

定番表現 20 ……………… 206 つぶやき表現 36 ……………… 210
会話表現 10 ……………… 222 ダイアローグ……………… 226
セルフチェック……………… 228

229 | *Unit 10* 旅行

定番表現 20 ……………… 230 つぶやき表現 36 ……………… 234
会話表現 10 ……………… 246 ダイアローグ……………… 250
セルフチェック……………… 252

音声ファイル表

YouTube 再生や音声ダウンロードの方法は p.11 をご覧ください。

		ページ	音声番号
Unit 1 家	定番表現 20	14-17	1
	つぶやき表現 36	18-29	2
	会話表現 10	30-33	3
	ダイアローグ	34-35	4
Unit 2 交通機関	定番表現 20	38-41	5
	つぶやき表現 36	42-53	6
	会話表現 10	54-57	7
	ダイアローグ	58-59	8
Unit 3 語学学校	定番表現 20	62-65	9
	つぶやき表現 36	66-77	10
	会話表現 10	78-81	11
	ダイアローグ	82-83	12
Unit 4 レストラン	定番表現 20	86-89	13
	つぶやき表現 36	90-101	14
	会話表現 10	102-105	15
	ダイアローグ	106-107	16
Unit 5 カフェ	定番表現 20	110-113	17
	つぶやき表現 36	114-125	18
	会話表現 10	126-129	19
	ダイアローグ	130-131	20

		ページ	音声番号
Unit 6 パブ	定番表現 20	134-137	21
	つぶやき表現 36	138-149	22
	会話表現 10	150-153	23
	ダイアローグ	154-155	24
Unit 7 ショッピング	定番表現 20	158-161	25
	つぶやき表現 36	162-173	26
	会話表現 10	174 177	27
	ダイアローグ	178-179	28
Unit 8 ランチタイム	定番表現 20	182-185	29
	つぶやき表現 36	186-197	30
	会話表現 10	198-201	31
	ダイアローグ	202-203	32
Unit 9 レジャー	定番表現 20	206-209	33
	つぶやき表現 36	210-221	34
	会話表現 10	222-225	35
	ダイアローグ	226-227	36
Unit 10 旅行	定番表現 20	230-233	37
	つぶやき表現 36	234-245	38
	会話表現 10	246-249	39
	ダイアローグ	250-251	40

本書の構成と使い方

本書は英国での生活シーンを全10章に分けたうえで、各章はそれぞれ「定番表現20」「つぶやき表現36」「会話表現10」「ダイアローグ」「セルフチェック」で構成されています。

定番表現20

そのシーンでくり返し習慣的に行う行動やそのときにする質問など、その場面で使える定番表現を集めました。

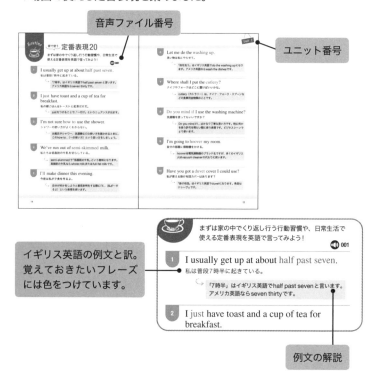

音声ファイル番号

ユニット番号

イギリス英語の例文と訳。覚えておきたいフレーズには色をつけています。

> まずは家の中でくり返し行う行動習慣や、日常生活で使える定番表現を英語で言ってみよう！
>
> 🔊 001
>
> **1** I usually get up at about half past seven.
> 私は普段7時半に起きている。
>
> 「7時半」はイギリス英語でhalf past sevenと言います。アメリカ英語ならseven thirtyです。
>
> **2** I just have toast and a cup of tea for breakfast.

例文の解説

つぶやき表現36

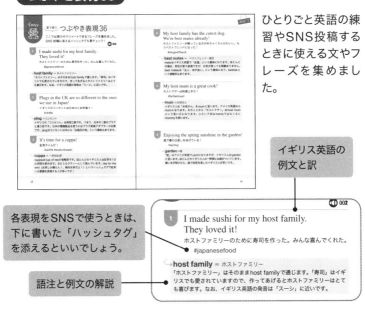

ひとりごと英語の練習やSNS投稿するときに使える文やフレーズを集めました。

イギリス英語の例文と訳

各表現をSNSで使うときは、下に書いた「ハッシュタグ」を添えるといいでしょう。

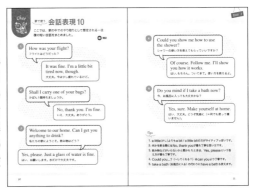

🔊 002

1 I made sushi for my host family.
They loved it!

ホストファミリーのために寿司を作った。みんな喜んでくれた。

#japanesefood

→**host family** = ホストファミリー
「ホストファミリー」はそのまま host family で通じます。「寿司」はイギリスでも愛されていますので、作ってあげるとホストファミリーはとても喜びます。なお、イギリス英語の発音は「スーシ」に近いです。

語注と例文の解説

会話表現10

そのシーンでのやり取りとして想定される短い会話を一問一答形式でまとめました。また、右下のTipsにミニ解説をのせていますので、参考にしてください。

本書の構成と使い方

ダイアローグ

表現を使いこなすための応用編として会話形式のストーリーを用意しました。登場人物になったつもりで練習してみましょう。

セルフチェック

各章の最後には復習編として、その章に出てきた表現を使ったクイズを設けました。ぜひ全問正解を目指しましょう。

空欄に入る答え

音声ダウンロードの方法

スマホや PC で、音声を簡単に聞くこと
ができます。

方法1 スマホで聞く場合

YouTube ページで音声を聞くことができます。

※ストリーミング再生になりますので、通信制限などにご注意ください。
　また、インターネット環境がない状況でのオフライン再生はできません。

このサイトにアクセスするだけ！

→ https://bit.ly/3N4h8mH

方法2 パソコンで音声ダウンロードする場合

パソコンで mp3 音声をダウンロードして、スマホなどに取り込むこと
も可能です。（スマホなどへの取り込み方法はデバイスによって異なります）

1 下記のサイトにアクセス

https://www.cosmopier.com/
download/4864542081

2 上記サイトの中央のボタンをクリックする

音声は PC の一括ダウンロード用圧縮ファイル（ZIP 形式）でご提供します。
解凍してお使いください。

電子版の使い方

スキマ時間を使って
サッと学習できる！

本書購読者は無料でご使用
いただけます！
本書がそのままスマホでも
読めます。

電子版ダウンロードには
クーポンコードが必要です
詳しい手順は下記をご覧ください。
右下の QR コードからもアクセスが
可能です。

電子版：無料引き換えコード
hxa％6

ブラウザベース（HTML5 形式）でご利用
いただけます。

★クラウドサーカス社 ActiBook電子書籍
です。

●対応機種
・PC（Windows/Mac）
・iOS（iPhone/iPad）
・Android（タブレット、スマートフォン）

電子版ご利用の手順

❶コスモピア・オンラインショップにアクセス
　してください。（無料ですが、会員登録が必要です）

https://www.cosmopier.net/

❷ログイン後、カテゴリ「電子版」のサブカテゴリ「書籍」をクリックします。

❸本書のタイトルをクリックし、「カートに入れる」をクリック。

❹「カートへ進む」→「レジに進む」と進み、「クーポンを変更する」をクリック。

❺「クーポン」欄に本ページにある無料引き換えコードを入力し、「登録する」をクリック。

❻０円になったのを確認して、「注文する」をクリックしてください。

❼ご注文を完了すると、「マイページ」に電子書籍が登録されます。

Unit 1
家
home

家で使う 定番表現20

まずは家の中でくり返し行う行動習慣や、日常生活で
使える定番表現を英語で言ってみよう！

🔊 001

1 I usually get up at about half past seven.

私は普段7時半に起きている。

↳ 「7時半」はイギリス英語でhalf past sevenと言います。
アメリカ英語ならseven thirtyです。

2 I just have toast and a cup of tea for breakfast.

私の朝ごはんはトーストと紅茶だけだ。

↳ justをつけることで、「〜だけ」というニュアンスが出ます。

3 I'm not sure how to use the shower.

シャワーの使い方がよくわからない。

↳ お風呂やシャワー、洗濯機などの使い方を確かめるときに、
このhow to...（〜の使い方）という言い方をしましょう。

4 We've run out of semi-skimmed milk.

私たちは低脂肪の牛乳を切らしている。

↳ semi-skimmedで「低脂肪の牛乳」という意味になります。
高脂肪の牛乳ならwhole milkまたはfull-fat milkです。

5 I'll make dinner this evening.

今夜は私が夕食を作るよ。

↳ 自分が何かをしようと意思表明をする際にI'll...（私が〜す
るよ）という表現を使います。

6 Let me do the washing up.

洗い物は私にやらせて。

↳ 「皿を洗う」はイギリス英語でdo the washing upになります。アメリカ英語ならwash the dishesです。

7 Where shall I put the cutlery?

ナイフやフォークはどこに置けばいいかな。

↳ cutlery（カトラリー）は、ナイフ・フォーク・スプーンなどの食事用金物類のことです。

8 Do you mind if I use the washing machine?

洗濯機を使ってもいいですか？

↳ Do you mind if I...はかなり丁寧な言い方です。特に何かを使う許可を得たい際に使う表現です。ビジネスシーンでより使います。

9 I'm going to hoover my room.

自分の部屋に掃除機をかけるよ。

↳ hooverは電気掃除機のブランド名ですが、多くのイギリス人はvacuum cleanerの代わりに使います。

10 Have you got a duvet cover I could use?

私が使える掛け布団カバーはあります？

↳ 「掛け布団」はイギリス英語でduvetになります。発音はドゥーヴェです。

11 Is this a tea towel? I'll dry the dishes.

ティータオルはこれ？　私がお皿を拭いて乾かすよ。

> tea towel（ティータオル）は、お皿用の布巾です。観光スポットでお土産として販売されています。また、単に「食器を拭く」だけならwipe the dishesでもOKです。

12 I'm going out with my mates tonight so I'll be back at about ten-ish.

今夜は友達と遊びにいって、10時ごろには帰ってくるよ。

> 「時間＋ish」という表現は「約○時」というニュアンスになります。

13 Is it alright if I invite some friends over?

友達を家に誘っても大丈夫？

> Is it alright if...?（〜してもよろしいでしょうか？）は何かの許可を得たい際に使えるカジュアルな表現です。

14 This bin is full. What should I do with the rubbish?

ゴミ箱がいっぱいだ。ゴミはどうすればいいですか。

> bin（ゴミ箱）とrubbish（ゴミ）はイギリス英語で特有の単語です。アメリカ英語ならtrash / garbage canのように、trash / garbageを使います。

15 Can this plastic rubbish be recycled?

このプラスチックゴミはリサイクルできますか。

> イギリスではリサイクルできるものはすべて同じゴミ箱に入れます。

16 I've hung my clothes outside on the line to dry.

洗濯物を外のヒモに掛けて乾かした。

> イギリスは天気が変わりやすいですが、一般的に洗濯物は外で干します。それらをlineという紐にかけます。

17 I'm expecting a parcel to arrive this afternoon.

今日の午後荷物（郵便物）が届くのを待っている。

> 大きい郵便物はイギリス英語でparcelと言います。アメリカ英語ならpackageです。

18 The meal was absolutely delicious.
Thank you very much.

食事はめちゃくちゃおいしかったです。ごちそうさまでした。

> 形容詞にabsolutelyを付けることで「とても、すごく、めちゃくちゃ」というニュアンスが出ます。

19 Is it okay to help myself to tea and coffee?

自分でお茶やコーヒーをいれても大丈夫ですか。

> help myself to...は「自由に〜を取る」という意味になる表現です。

20 I'm just going to stay in and watch the telly tonight.

今夜はただ家にいてテレビを見る予定。

> televisionはよくtellyと省略されます。

Tweet

家で使う つぶやき表現36

ここでは家の中でツイートできるフレーズを集めました。
SNS 投稿に添えるハッシュタグも要チェック！

🔊 002

1　I made sushi for my host family.
　　They loved it!

ホストファミリーのために寿司を作った。みんな喜んでくれた。

#japanesefood

host family = ホストファミリー
「ホストファミリー」はそのまま host family で通じます。「寿司」はイギリスでも愛されていますので、作ってあげるとホストファミリーはとても喜びます。なお、イギリス英語の発音は「スーシ」に近いです。

2　Plugs in the UK are so different to the ones
　　we use in Japan!

イギリスのコンセントは日本のと全然違う！

#uklife

plug = コンセント
イギリスの「コンセント」は角型三股です。つまり、日本の二股のプラグと違う形です。日本の電機製品を使うにはプラグ変換アダプターが必要です。plug はコンセント以外にも「お風呂の栓」という意味もあります。

3　It's time for a cuppa!

紅茶タイムだ！

#uklife #teaforthewin

cuppa = 一杯のお茶
cuppa は cup of tea の省略形です。ほとんどのイギリス人は紅茶を1日に何回も飲みます。主にミルクティーとして飲んでいます。tea for the win!（お茶しか勝たん！、絶対お茶だよ！）というハッシュタグで紅茶への愛情を表現する人が多いです！

4　My host family has the cutest dog.
We're best mates already!

ホストファミリーが飼っている犬がめちゃくちゃかわいい。もうベストフレンドになった！

> #dogsoftheuk

↪ **best mates ＝** ベストフレンド・親友
mateはイギリス英語で「友達」という意味になります。ほとんどの場合、男性が使う表現ですが、女性が使っても問題ありません。best matesは「友人・仲が良い」という意味になり、bestiesという省略形もあります。

5　My host mum is a great cook!

ホストマザーは料理上手だ！

> #britishfood

↪ **mum ＝** お母さん
イギリス人は「お母さん」をmumと言います。アメリカ英語ならmomになります。そのことから「ホストマザー」はhost mumという言い方になります。小さい子供はmamaではなく主にmummyを使います。

6　Enjoying the spring sunshine in the garden!

庭で春の日差しを浴びている！

> #spring

↪ **garden ＝** 庭
「庭」はアメリカ英語でyardになりますが、イギリス人はgardenと言います。ほとんどのイギリス人の一軒家には庭がついています。暗い冬が明けたら、庭で自然を楽しむイギリス人が多いです。

7 I tried a traditional English fry-up for the first time. The breakfast of champions!

初めてイギリスの伝統的なフルブレックファストを食べてみた！（スタミナ満点で）王者の朝食だ。

#britishfood

⮡ **fry-up** = イングリッシュ・ブレックファスト
「イングリッシュ・ブレックファスト」はベーコン、卵、ソーセージ、炒めたマッシュルームなどが入っている朝ごはんです。全部フライパンで焼いたものなのでfry-upと言います。ハイカロリーなので時々しか食べません。

8 I had takeaway fish and chips this evening. Look how big it is!

今夜はフィッシュアンドチップスのテイクアウトを食べたよ。この大きさを見て！

#britishfood

⮡ **takeaway** = 持ち帰りのファストフード
フィッシュアンドチップスはイギリスの名物ですが、一般的に自分で作るものではありません。むしろ、専門店（fish and chip shop）で買って持って帰るファストフードです。takeawayはアメリカ英語ではtakeoutになります。

9 I wonder what I should watch on the box tonight? Any suggestions?

今夜テレビで何を観ようかな。お勧めは？

#tellyaddict

⮡ **the box** = テレビ
「テレビ」は色々な言い方があります。省略のTVやtellyの上にthe boxという言い方があります。これは箱（box）という古いテレビの形から来ているスラングです。

10 I'm addicted to this TV programme! I wish we had this in Japan!

このテレビ番組にめちゃくちゃはまっている！
日本でも放送すればいいのにね！

#tellyaddict #japan

programme = 番組
「番組」はイギリス英語でprogrammeと言います。アメリカ英語ではshowの方が多く使われます。addicted to... は「〜にはまっている」ということで、とても役に立つ表現です。

11 There's nothing better than a cup of tea and a biscuit.

紅茶とクッキーというコンビには勝てない。

#teaforthewin

biscuit = cookie（クッキー）
紅茶を飲みながらbiscuit（クッキー）を食べるイギリス人は多いです！ biccy（発音：ビキー）という省略形もあります。cookieという単語も使われますが、主に「アメリカ風クッキー」というニュアンスです。

12 Even though it's summer, it's so cold that I put on a thick jumper!

夏なのに厚いセーターを着る寒さだ！

#uksummer

jumper = セーター
「セーター」はイギリス英語でいろいろな言い方がありますが、jumperは最もよく使われています。sweaterとjerseyも使われています。アメリカ英語でjumperと言うと別の服（上着のジャンパー）になりますから、気を付けましょう！

13 I'm having a duvet day today!

今日は布団から出ない！

#duvetday

> **duvet day** = 布団から出ない1日
> duvet dayはイギリス英語特有の表現で、「疲れ過ぎて1日中ベッドに入りっぱなし」というニュアンスです。この表現は特に学校や仕事を休む際に使われています。

14 I helped my green-fingered host dad do the gardening yesterday.

昨日、園芸が大好きなホストファーザーを手伝った。

#englishgarden

> **green fingers** = 園芸が得意である、園芸の才がある
> have green fingersという表現は「園芸が得意」という意味になります。アメリカ英語ならgreen thumbsです。「園芸（ガーデニング）」はイギリスでとても人気のある気晴らしの方法です。またhost dadはhost fatherよりカジュアルな言い方になります。

15 I love central heating!

イギリスのセントラル・ヒーティングが大好きだ！

#uksummer

> **central heating** = セントラル・ヒーティング（家全体を温める暖房システム）
> イギリスの夏は一般的に暖かくて過ごしやすいですが、たまに夏なのにとても寒い日があります。そういうときにcentral heatingは天からの贈り物です！

16 I've just seen an urban fox in the garden!

今、庭でキツネと出会った！

#urbanfox #uklife

⤷ **urban fox** = 都会に暮らしている野生のキツネ

最近、イギリスの都会でもキツネが歩き回っています。こういう「都会のキツネ」はurban foxと呼ばれます。餌を探すために人家の庭やレストランの駐車場などに入ってきますが、ほとんの場合、人間に危害を加えないので心配する必要はありません。

17 Here's my first attempt at shepherd's pie!

初めてシェパーズパイを作ってみた！

#britishfood #shepherdspie

⤷ **shepherd's pie** = イギリスの肉じゃが

shepherd's pieはラム肉とジャガイモが入っている伝統的なイギリス料理です。牛肉の場合はcottage pieと言います。主に家庭料理ですが、たまにパブのメニューにも載っています。

18 I can't believe how early it gets dark here!

ここでこんなに早く日が沈むなんて信じられない！

#ukwinter

⤷ **can't believe** = 信じられない

イギリスの緯度は北海道より北の方なので、冬は日が短く、逆に、夏は日がとても長いです。夏には、スコットランドの北の方の日照時間は18時間もあります。

19 Beginning a new chapter of my life in London.

ロンドンで人生の新しい章を始めた。

#uklife

↪ **new chapter** = 新生活

英語で「新生活・新しい人生」は本にたとえてnew chapterという表現を使うことができます。もともとchapterは本の「章」という意味です。

20 Life update–moved to London.

人生のアップデート：ロンドンに引っ越した。

#uklife

↪ **life update** = （人生の）近況報告

英語圏の国ではSNSで近況報告をする際にはlife updateという表現を使います。updateは「最新情報の報告」という意味になるので、lifeだけではなくworkやhealthなどの単語と一緒に使うことができます。

21 Why are kitchen sinks in the UK so small?!

イギリスの台所の流しはなんでこんなに小さいの?!

#uklife

↪ **kitchen sink** = 台所の流し

イギリスと日本の家にはいろいろな違いがあります。その中の1つは「台所の流し」のサイズです。イギリスのキッチンはほとんどの場合食洗器があるため、シンクは小さめです。日本の大きな「台所の流し」に慣れている人はびっくりすると思います。

22 Look at the view from my bedroom window!

寝室の窓から見える景色を見て！

#beautifullondon

↪ **look at...** = ～を見て
SNSに写真をアップする際にlook at...という表現が使えます。「～を見てよ！」という意味です。#beautifullondonというハッシュタグでロンドンの美しい景色をシェアすることができます。

23 Me and my new British friends!

私と新しいイギリス人の友達！

#international #friendship

↪ **British** = イギリスの、イギリス人
Britishは「イギリスの、イギリス人」という意味になります。イギリスではよく耳に入ってくる単語です。例えばBritish music（イギリスの音楽）やBritish food（イギリス料理）などのコロケーション（連語）で使われています。

24 I have the worst jetlag!

時差ボケって最悪！

#jetlag #arrivedintheUK

↪ **jetlag** = 時差ぼけ
イギリスと日本の時差は、8時間（夏）あるいは9時間（冬）です。そのため、「時差ボケ」を感じる人が多いです。jetlagは上の例文では名詞として使われていますが、jet-laggedという形容詞もあります。例えば、I'm jet-lagged（時差ボケだよ）。

25 I'm having a lie-in this morning.

今朝は寝坊した。

#liein

↪ **have a lie-in** = 寝坊する、遅くまで寝る
have a lie-inはイギリス英語特有の表現です。「寝坊してしまう」
という意味ではなく、「わざと遅くまで寝る」というニュアンスに
なります。休みの日に特に使われている表現です！

26 Today I will unpack my suitcase.

今日はスーツケースから荷物を出す予定。

#arrivedintheUK

↪ **unpack** = 荷をほどく
unpackはpack(荷物を詰める)の反対語です。「荷物」をスーツケー
スから出してクローゼットや引き出しに入れると、旅行が終わり実
際にイギリスに戻ってきたという気持ちが湧いてくるでしょう。

27 Playing video games with my new flatmates.

新しいルームメートとテレビゲーム中。

#gamer #uklife

↪ **flatmate** = 同居人
イギリス英語でアパート、マンションはflatと言います。そのため、
アパートで一緒に住んでいる人はflatmateになります。一戸建て
の場合はhousemateという表現を使います。同じ寝室をシェアす
る場合にはroom-mateです。

28 Should I cook tonight or get something delivered?

今夜は料理を作るか、それとも何かフードデリバリーを注文しようか。

#dilemma

↳ **get something delivered** = 何かを配達してもらう
get something deliveredを直訳すると、「何かを配達してもらう」になりますが、意味は「フードデリバリーを注文する」です。Uber Eatsはもちろん、DeliverooやJust Eatなどのデリバリーアプリもとても人気です。

29 I'm studying for my first day at language school.

語学学校の初日のために勉強中。

#englishlearner

↳ **language school** = 語学学校
ほとんどの語学学校は入学初日にplacement testまたはlevel testを行います。これは適切なクラスに入るためのテストです。自分が入るクラスのレベルが合わない場合には、変えてもらうように相談しても大丈夫です。

30 I've just got my first UK mobile phone. It's a pay-as-you-go.

初めてイギリスの携帯を手に入れた。プリペイド携帯だけど。

#connected

↳ **mobile phone** = 携帯電話
イギリス人は携帯をmobile phoneと呼びますが、省略形のmobileもよく使われています。pay-as-you-go（プリペイド）の携帯はとても安くて手に入りやすいので、観光客や留学生にとても人気があります。

31

I had a great night's sleep.
Looking forward to a new day.

よく寝た。新しい日が楽しみだ。

#uklife

⤷ **a good / great night's sleep** = きちんとした眠り
この表現は日常会話でよく使われています。ホストファミリーに
Did you have a good night's sleep?（よく寝られましたか）と
聞かれたり、Have a good night's sleep!（ちゃんと寝てね！）
と言われたりします。

32

I didn't know that homes in the UK don't
usually have air conditioning.

イギリスの家にはエアコンがないって知らなかった。

#summer

⤷ **air conditioning** = エアコン
イギリスの一戸建てやマンション・アパートは一般的に「エアコン」
が付いていません。そのため、夏の暑い日は結構辛いです。しかし、
イギリスの夏は日本の夏よりかなり涼しいので我慢できると思いま
す。

33

It's time to make lunch. What shall I have?

昼ごはんを作る時間だ。何を作ろうかな。

#lunch #uklife

⤷ **lunch** = 昼ごはん
lunchは日本語の「ランチ」と同じ意味になりますが、イギリスの
地方によって昼食をdinnerと呼ぶところがあります。その場合は
夕食はdinnerではなく、teaという言い方になります。

34 People in the UK keep their washing machines in the kitchen! I'm surprised!

イギリスの洗濯機はキッチンにある！ びっくりだ！

#uklife #britishhomes

→ **washing machine** = 洗濯機
イギリスで「洗濯機」はだいたいいつも「キッチン」に置いてあります。そして、日本の縦型洗濯機と違って、イギリスの洗濯機は主にドラム式（front-load）です。乾燥機を持っている家族も多いのですが、一般的に洗濯物は外に干します。

35 I'm going to take my host family's dog out for a walk.

ホストファミリーの愛犬を散歩に連れていくんだ。

#lovedogs

→ **take a dog for a walk** = 犬に散歩を連れていく
もっと短い言い方はwalk the dogになります。例えば、I'm going to walk the dog after dinner.（夕食後に犬を散歩に連れていく予定です）という言い方ができます。

36 My host family's kitchen has a huge oven. I'm excited to use it!

ホストファミリーのキッチンにはとても大きいオーブンがある。使うのが楽しみ！

#cooking #uklife

→ **oven** = オーブン
ovenの発音は「アヴェン」に近いです。日本語の発音で言うと通じないかもしれません。イギリスではオーブン料理が多いので、ほとんどの家には大きな「オーブン」が付いています。ケーキやパン作りが好きだったら天国です！

家で使う 会話表現 10

ここでは、家の中でのやり取りとして想定される一往復の短い会話をまとめました。

003

1

How was your flight?
フライトはどうだった？

It was fine. I'm a little bit tired now, though.
大丈夫。今は少し疲れているけど。

2

Shall I carry one of your bags?
かばん1個持ちましょうか。

No, thank you. I'm fine.
いえ、大丈夫。ありがとう。

3

Welcome to our home. Can I get you anything to drink?
私たちの家にようこそ。飲み物はどう？

Yes, please. Just a glass of water is fine.
はい、お願いします。（コップ1杯の）水だけで大丈夫です。

4

Could you show me how to use the shower?

シャワーの使い方を教えてもらっていいですか？

Of course. Follow me. I'll show you how it works.

はい、もちろん。ついてきて。使い方を教えるよ。

5

Do you mind if I take a bath now?

今、お風呂に入っても大丈夫かな？

Yes, sure. Make yourself at home.

はい、大丈夫。どうぞ気楽に（＝何でも使って構いません）。

Tips

1. a little（少し）よりも a bit / a little bit の方がネイティブっぽいです。
2. 何かを断る際には No, thank you が最も丁寧な言い方です。
3. 飲み物などがいらないかと聞かれたときは、Yes, please という答え方が最も丁寧です。
4. Could you...?（〜してくれる？）は can you より丁寧です。
5. take a bath（お風呂に入る）の代わりに have a bath も使えます。

6

Are you cold? I can put the central heating on if you like.

寒い？ よかったらセントラルヒーティングを付けるけど。

Yes, I am a little cold. Thank you.

はい、ちょっと寒いです。ありがとう。

7

Do you mind if I use the kitchen?

キッチンを使ってもいいですか。

Sure. Help yourself to anything in the cupboards.

いいよ。棚にあるものは何でも使って大丈夫。

8

I'm just going to the shops. Does anyone want anything?

お店に行くけど。欲しいものがある人はいる？

Yes! Can you get me some teabags, please?

はい！ ティーバッグを買ってきてくれますか。

9

Has anyone seen my house keys?
私の家のカギを見た人はいますか。

I think they are on the table by the front door.
玄関近くのテーブルの上にあると思うよ。

10

I'll cook tonight. Can you show me where the pans are?
今夜は私が夕食を作るよ。(平) 鍋がどこにあるのか教えてくれる？

Yes. They're in the cupboard under the oven.
ええ。オーブンの下の棚の中に入ってるよ。

Tips

6. ...if you likeは「よかったら～」という意味になります。これだけ聞き取れれば何かを訊ねられているということが理解できます。

7. cupboards（発音：カバッズ)はキッチンにある「食器・食品用の戸棚」という意味になります。

8. the shopsは一般的には「お店」という意味ですが、文脈によって「スーパー」という意味もになります。

9. 何かを探しているときにはHas anyone seen...?（誰か～を見てない？）という役に立つ表現があります。

10. the pansは「フライパン、平鍋など」という広い意味を表す名詞です。一方、the potsなら「取っ手が2つ付いた深鍋」になります。

ようこそ、ロンドンへ

以下は日本から来たアキと、アキを迎えるホストマザーによる空港での会話です。

🔊 004

Alice: Hi! Welcome to London! I'm your host mother, Alice. You must be Aki.

Aki: Hi, I'm Aki. Nice to meet you.

Alice: How was your flight? You must be tired.

Aki: It was fine. I slept on the plane, so I'm not that tired.

Alice: How long did it take?

Aki: It took about 14 hours. I flew directly from Tokyo to London.

Alice: That's a long journey! Let me help you with your bag. Do you need to use the toilet before we leave the airport?

Aki: No, I'm fine, thank you.

Alice: Right, if you're ready, let's find the car and head home.

Aki: Yes, I'm ready to go.

訳

アリス：こんにちは。ロンドンへようこそ。私はホストマザーのアリスです。あなたはアキさんですね。

アキ：はい、アキです。初めまして。

アリス：飛行機の旅はどうでしたか。疲れたでしょう。

アキ：大丈夫です。飛行機の中で寝ましたので、そんなに疲れていません。

アリス：どのくらいかかりましたか。

アキ：14時間くらいかかりました。東京からロンドンまで直行便で来ました。

アリス：それは長かったですね！じゃあ、荷物運びを手伝いましょう。空港を出る前にトイレに寄りたいですか。

アキ：いいえ、大丈夫です。

アリス：さて、準備ができているなら、車を探して家に向かいましょう。

アキ：はい、準備できています。

Self-check

Unit 1に出てきた文中表現の復習です。以下の日本語の意味になるように英文を完成させてください。答えはこのページの下にあります。

....

① シャワーの使い方がよくわからない。

I'm not sure (　　) (　　) use the shower.

....

② 洗い物は私にやらせて。

(　　)(　　)(　　) the washing up.

....

③ 自分の部屋に掃除機をかける。

I'm going to (　　) my room.

....

④ ゴミ箱がいっぱいだ。ゴミはどうすればいいですか。

This (　) is full. What should I do with the (　　)?

....

⑤ 自分でお茶やコーヒーを入れても大丈夫ですか。

Is it okay to (　)(　) to tea and coffee?

....

⑥ 紅茶タイムだ!

It's time for a (　)!

....

⑦ 今夜テレビで何を観ようかな。お勧めは?

I wonder what I should watch on (　)(　) tonight?
Any suggestions?

....

⑧ 今日は布団から出ない!

I'm having a (　)(　) today!

....

⑨ 人生のアップデート:ロンドンに引っ越した。

(　　) (　　　) —moved to London.

....

⑩ 寝室の窓から見える景色を見て!

(　　　) (　　) the view from my bedroom window!

....

① how to　② Let me do　③ hoover　④ bin / rubbish　⑤ help myself
⑥ cuppa　⑦ the box　⑧ duvet day　⑨ Life update　⑩ Look at

Unit 2
交通機関
transportation

交通機関で使う **定番表現20**

交通機関でくり返し習慣的に行う行動や、交通機関で
使える定番表現を英語で言ってみよう！

◀)) 005

1 I usually take the 8:15 bus to college.

普段学校に行くときは8：15発のバスに乗る。

⤷ collegeはイギリス英語では「高校、語学学校」というニュア
ンスもあります。アメリカ英語では「大学」の意味になります。

2 The bus stop is outside the fish and chip shop.

バス停はフィッシュアンドチップ店の前にある。

⤷ フィッシュアンドチップスを売っている専門店はfish and
chip shopと言います。chippyという省略形もあります。

3 I like to sit on the top deck of the bus.

私は（2階建て）バスの2階に乗るのが好きだ。

⤷ 2階建てのバス（double decker）の「2階」はtop deckと
言います。

4 London cabbies are really friendly and chatty.

ロンドンのタクシー運転手はめちゃくちゃフレンドリーでおしゃ
べりだ。

⤷ cabbieは「タクシー(＝cab)の運転手」という意味です。運
転手はおしゃべりだと相場が決まっています。

5 It's cheaper to get an Uber than a taxi in
London. ロンドンではタクシーよりもウーバーの方が安い。

⤷ 近い距離の場合にはタクシーの方が安いですが、長距離の場合
はUberなどのサービスの方が安上がりです。

6 Where can I top up my Oyster Card?

オイスターカードはどこでチャージできますか。

↳ ロンドンの交通系ICカードはOyster Cardと言います。
現金で払うより安く電車やバスに乗れます。

7 I topped up my Oyster Card at the machine in my nearest station.

最寄駅の券売機でオイスターカードをチャージしておいた。

↳ ICカードの「チャージ」はイギリス英語でtop upという
言い方になります。

8 Can I have a day return to Cambridge, please?

ケンブリッジ行きの日帰り往復切符1枚ください。

↳ day returnという切符は「当日限りの往復切符」です。片
道の切符を2枚買うよりかなり安いです。

9 How much is a single to Wimbledon?

ウィンブルドンへの片道の切符はいくらですか。

↳ singleは「片道の切符」です。アメリカ英語ではone way
になります。

10 It is cheaper to book train tickets in advance online.

電車の切符はオンラインで事前に買っておく方が安い。

↳ in advanceで「あらかじめ、前もって」という意味にな
ります。

11 I was late because my train was delayed.

電車が遅れたせいで遅刻してしまった。

> be delayedは（電車などが）「遅延している」という意味になります。イギリスの電車ではよくあることです。

12 Does this train go to Brighton?

この電車はブライトンまで行きますか。

> 電車やバスが行く目的地を確認する際にはDoes this train / bus go to ...?という表現を使います。

13 Which platform does the Brighton train leave from?

ブライトン行きの電車は何番線から出発しますか。

> 「ホーム」や「線」はイギリス英語でplatformになります。アメリカ英語ならtrack / lineです。「ハリー・ポッター」に出てくる9¾番線はplatform nine and three quartersです。

14 Is this bus / train on time?

このバス／電車は時間通りに走っていますか。

> be on timeは「時間通り」という意味になります。駅員のアナウンスによく出てくる表現です。

15 I missed my bus / train!

バス（電車）に間に合わなかった！

> miss one's bus / trainは「バス／電車に乗り損なう」という意味になります。

40

16 My ticket is for Coach D, seat 25D.

私のチケットはD車両の25Dの席。

> 指定席（reserved seat）と自由席（non-reserved seat）は同じ値段なので、旅行に行く際には指定席を選んだ方がいいでしょう。ここでのcoachは「車両」という意味です。

17 Are we allowed to eat on the train?

電車の中でものを食べても大丈夫？

> be allowed to... は「〜してもいい、許される」という意味になります。イギリスの電車は飲食が自由です。

18 What time does the last train leave?

最終電車は何時の出発？

> last trainは「終電」です（first trainが「始発」）。ロンドンでは地下鉄の終電の後にはnight busが走っています。

19 The bus was full so I had to stand.

バスが満席だったので立つしかなかった。

> fullは満席という意味になります。standing room only（立見席のみ）という表現もあります。

20 Does this train have a buffet car?

この電車には食堂車は付いていますか。

> 長距離を走るほどんどの電車には食堂車があります。これをbuffet carと言います。サンドイッチなどの軽い食べ物を販売しています。

交通機関で使う つぶやき表現 36

交通機関でツイートできるフレーズを集めました。SNS
で使えるハッシュタグも要チェック！

🔊 006

1 My train is delayed again.

電車がまた遅れている。

#britishrail

⮑ **British Rail** = 英国鉄道

イギリスの鉄道が民営化される前には British Rail（英国鉄道）という名
前が付いていました。評判がとても悪かったため、現在でも電車が遅延
したとき SNS などで「さすが British Rail」という皮肉の文言が現れた
りします。

2 I bought my first season ticket for the train today.

今日初めて電車の定期券を買った。

#notcheap

⮑ **season ticket** = 定期券

イギリスの会社は一般的に交通費を出しませんので、自分で負担する必
要があります。通学や通勤をする際には season ticket を買った方がお
得です。

3 The bus is always crowded in the mornings.

バスは朝いつも混んでいる。

#londonrushhour

⮑ **rush hour** = 朝夕の時間帯、交通ラッシュの時間

ロンドンの朝夕のラッシュは朝の 7:30 〜 9:00 と夕方の 5:00 〜 7:00 の時
間帯です。長距離の電車の切符は off peak（ラッシュ以外の時間帯）に
なると安くなります。

4 My Uber driver was so friendly!

ウーバーの運転手がめちゃくちゃフレンドリーだった！

#friendlydriver

friendly = 愛想がいい、フレンドリー
Uberやタクシーの運転手は一般的におしゃべりで「フレンドリー」
ですので、乗るときは英会話を練習するいい機会になります。ローカル訛りを話す運転手もいますが、リスニング練習にはなります！

5 I recommend buying train tickets online. It's much cheaper!

電車の切符はネット購入がお勧め！　かなり安くなる！

#cheaptickets

recommend = お勧めする
イギリスの電車に乗りたい場合には、できるだけ早めにオンラインで買うのがお勧めです。当日を買うのに比べてかなり安くなります。

6 I missed my train this morning because of the heavy rain. I'm so annoyed!

豪雨のせいで今朝は電車に間に合わなかった。ムカつく！

#britishweather

be annoyed = イライラしている、ムカつく
annoyedは自分が「イライラしている」ときに使う表現です。他にはpissed off（少し下品な罵り言葉）、grumpy（不機嫌）、irritated（イライラしている）などの表現もあります。

7 Look at the view from the train window! Beautiful scenery!

電車の窓の外にある景色に見て！　きれいな景色！

#beautifulview

↳ **scenery** = 景色
sceneryは主に自然を見る際に使う単語です。例えば、山の景色や森、田畑などの景色です。都会の景色など特定の場所について話している際にはviewを使った方がいいです。

8 What is the best site for buying train tickets?

電車の切符を買うのに一番良いサイトは何ですか。

#traintickets

↳ **train tickets** = 電車の切符
「電車の切符」はそれぞれの電車会社のウェブサイトで販売されていますし、アフィリエイトサイトでも販売されています。公式サイトはnationalrail.co.ukです。切符をより安く買いたいなら、railcard（レイルカード）という割引カードを買いましょう。

9 What a hassle! My train got cancelled!

困った！　電車がキャンセルされてしまった。

#bighassle

↳ **hassle** = めんどくさいこと
hassleは「めんどくさいこと」という意味になります。日常会話によく使われています。名詞なので... is a hassleという形で使います。It's a pain（それは面倒くさい）という言い方もあります。

10 The traffic in the city centre is terrible.

都心の交通量はひどいもんだよ。

#trafficjam

↪ **city centre** = 町の中心

centreは「中心」という意味になります。アメリカ英語のスペルは
centerです。city centreは会話でも道路の標識の表示でも使われ
ている表現です。

11 This is the Underground station I use every day.

これが毎日使っている地下鉄の駅だ。

#londonunderground

↪ **underground** = 地下鉄

ロンドンの「地下鉄」の公式な名前はthe London Underground
です。地下鉄の標識は赤い円の中にUndergroundと書いてある
ので、それで地下鉄の入口がわかります。uを大文字にしてthe
Undergroundとすると「ロンドンの地下鉄」を指します。

12 I wish there was air conditioning in the carriages!

車両にエアコンがあるといいのに！

#hotsummer

↪ **carriage** = 車両

ロンドンの地下鉄の車両は比較的狭くて、エアコンがありませんの
で、暑い日には車内がかなり熱くなります。SNSで文句を言う乗
客も少なくありません！ 冷たい水や扇子などを持っていった方が
いいでしょう。

 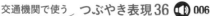
13 I missed my Tube stop!

地下鉄の駅を乗り過ごしてしまった！

#missedmystop

tube = 地下鉄
ロンドンの「地下鉄」のニックネームはthe tube（発音：チューブ）
です。というのも、地下鉄のトンネルが「管」（tube）のような形
をしているからです。日常会話でよく使われている単語です。

14 This station's architecture is beautiful.

この駅は建築がキレイ。

#beautifularchitecture

architecture = 建築
多くのイギリスの駅はとても古くて、建築が面白いです。ロンドン
のKing's Cross駅とエジンバラのWaverley駅はその良い例です。

15 I'm at Harry Potter's station looking for Platform 9 ¾!

ハリー・ポッターが使った駅で9 ¾番線を探し中！

#harrypotter

Platform 9 ¾ = （ハリー・ポッターの）プラットホーム9¾
ロンドンのKing's Cross駅は「ハリー・ポッター」の小説に出
ていました。現在（2023年11月）、実際のKing's Cross駅では
Platform 9 ¾がハリー・ポッターのファンたちのために用意して
あります。ぜひ探してみてください！

16 I chatted to a nice lady on the bus today.

今日バスの中で素敵な女性と話した。

　#friendlypeople

↪ **chat** = 話す

chatはtalk（話す）と同じ意味になりますが、chatの方がカジュアルで楽しい話をするというニュアンスを与えます。

17 Today I bought a 16-25 Railcard. I can get a 1/3 discount on train tickets!

今日16-25 Railcardを買った。電車の切符で1/3分割引きになる！

　#cheaptickets

↪ **railcard** = レイルカード（鉄道運賃の割引証明書）

16-25 Railcardは価格が約30ポンドですが、有効期間は1年間です。電車に乗る度に3分の1分割引きになります。15〜25歳までの乗客は16-25 Railcard（旧Young Person's Railcard）を買うことができます。他にいくつか種類がありますがここでは省略。

18 I rode on the Tube for the first time today.

今日初めてロンドンの地下鉄に乗った！

　#londonunderground

↪ **for the first time** = 初めて

初めての海外旅行・留学であれば、「初めて〜をした」という表現をよく使うことでしょう。英語でそれはdo ... for the first timeになります。またtを大文字にしたthe Tubeは、地下鉄一般ではなく、「ロンドンの地下鉄」を指します。

19 This is the world's oldest underground railway station! It is also where Sherlock Holmes lived!

これが世界一古い地下鉄の駅！　シャーロック・ホームズも住んでいたんだ！

#bakerstreet #sherlock

↪ **world's oldest** = 世界一古い
「世界一古い地下鉄の駅」はロンドンのBaker Streetで、1863年から使われています。「シャーロック・ホームズ」のファンならBaker StreetにあるSherlock Holmes Museumに行ってもいいでしょう。

20 London buses are so convenient.

ロンドンのバスはとても便利だ。

#londonbus

↪ **convenient** = 便利
ロンドンのバスは地下鉄よりも安いので、都内の移動にはバスの方が便利かもしれません。バスルートとスケジュールはhttps://tfl.gov.uk/という公式サイトに載っています。

21 The bus I was on today went over Tower Bridge.

今日乗っていたバスはタワーブリッジを渡った。

#towerbridge

↪ **Tower Bridge** = タワーブリッジ
Tower Bridgeはテムズ川に架かる跳開橋で、ロンドンを代表する橋の1つです。しかし、多くの外国人はTower BridgeとLondon Bridgeが同じ橋だと思っています。実は、London Bridgeは塔のないコンクリート製の橋です。

22 Look at the long queue for the bus!
バスを待つ長い行列を見て！

#londonbus

↪ **queue** = 列
queue（発音：キュー）はイギリス英語で「列、行列」という意味になります。アメリカ英語なら line です。queue は名詞だけではなく、「列を作る」という意味の動詞としても使うことができます。

23 This Tube station is really cool.
この地下鉄の駅はめちゃくちゃかっこいい。

#londonunderground

↪ **cool** = かっこいい
多くの地下鉄の駅はデザインが面白くて、きれいなアートワークが壁に貼ってあります。そのため、通学や通勤のときに cool な駅を楽しむことができます。

24 A kind person helped me find the station.
優しい人が駅まで案内してくれた。

#bekind

↪ **kind** = やさしい
kind は「やさしい」という意味になります。代わりに nice や helpful、friendly などの単語も使えます。nice はイギリス人が特に好んで使います。人や天気、食べ物が「素敵」と言う際に nice と言うことができます。

25 All the taxis are full!

タクシーが全部満車！

#londoncabs

taxi = タクシー

「タクシー」は英語でもtaxiになりますが、発音に気を付けましょう。英語の発音は「タクセィ」に近いです。そして、cabという言い方をするイギリス人が多いです。ロンドンの代表的な黒いタクシーはblack cabと言います。

26 It's a luxury for me to take a taxi.

タクシーに乗るのは私には贅沢だな。

#luxury

luxury = 贅沢

贅沢なことをする際にit's a luxury for me to...（～は私にとって贅沢です）という表現が使えます。It's extravagant for me to...（～は私にとって贅沢です）という言い方もあります。

27 My train was actually on time today!

私の乗った電車が、何と今日は時間通りに着いた！

#britishrail

actually = 実は、意外と

actuallyはほとんどの場合「実は」という意味になりますが、この文脈では「意外に」というニュアンスが加わります。つまり、このツイートは「驚き」を表しています。

28 Why is a single ticket the same price as a return?

片道切符と往復切符がなぜ同じ値段なんだ。

#britishrail

↳ **price** = 値段
一般的に往復切符の値段は片道切符の値段と同じくらいなので、往復切符を買った方がお得です。これは地下鉄以外の電車に適用されます。

29 The café at my station is really good.

私が使う駅にあるカフェはめちゃくちゃいい。

#stationcafe

↳ **café** = カフェ、喫茶店
「カフェ」は一般的に英語でもcaféになりますが、coffee shopやsnack barという言い方もあります。tea shopも時々使われていますが、これは主に伝統的なイギリス風の個人店です。CostaやStarbucksなどのフランチャイズ店はcaféと言います。

30 This busker at the tube station was really good!

駅でパフォーマンスをしていたストリート・パフォーマーがめちゃくちゃ上手だった！

#busker

↳ **busker** = ストリート・パフォーマー、大道芸人
ロンドンの地下鉄の駅には定期的に「ストリート・パフォーマー」（ミュージシャンなど）が現れます。イギリス英語でbuskerになります。たまにNo busking（ストリート・パフォーマンス禁止）と書いてある標識があります。

31 Underground tickets are more expensive than the Tokyo Metro.

ロンドンの地下鉄の切符は東京メトロより高い。

#londonunderground #tube

↪ **expensive** = 高い

ロンドンの地下鉄の切符は東京メトロより高価（expensive）ですが、Oyster Cardを使うと電車賃が少し安くなります。

32 Now I understand why the Underground is called the "Tube".

ロンドンの地下鉄が「チューブ」と呼ばれる理由はもうわかった。

#londonunderground

↪ **be called** = 呼ばれている

Why is A called B?（なぜAはBと呼ばれるの？）はとても役に立つ質問です。例えば、Why is the underground called the tube?という質問をすれば、地下鉄がthe tubeと呼ばれる理由を教えてくれる人が現れるでしょう。

33 Tube trains are really small inside!

地下鉄の電車の中はめちゃくちゃ狭い！

#londonunderground

↪ **really** = とても

reallyは一般的に「本当に」という意味ですが、日常英会話では「とても、めちゃくちゃ」という意味でよく使われています。例えば、really small（とても小さい・狭い）やreally cold（とても寒い）という使い方があります。

34 I've got the hang of using the Tube now!
やっと地下鉄の使い方がわかった！

#londonunderground

↪ **get the hang of...** = 〜のコツをつかむ
get the hang of... は「〜のコツをつかむ」という意味で、新しい
ことに挑戦する際にとてもふさわしい表現です。慣れてきたら I've
got the hang of... (〜のコツをつかんだ) という表現を使ってみ
ましょう。

35 It's quicker to walk in central London than take the Tube.

ロンドンの都心では地下鉄に乗るよりも歩いた方が速い。

#walking

↪ **quicker to walk** = 歩いた方が速い
ロンドン中心部の地下鉄の駅は、地図上は離れているように見えま
すが、実はとても近いのです。そのため、it's quicker to walk (歩
いた方が速い) と考えている人も多いようです。

36 I just made the last train of the day!
ギリギリ終電に間に合った！

#londonunderground

↪ **make...** = 〜に間に合う
make... は「〜に間に合う」という意味になります。例えば、I
didn't make the train. なら「私は電車に間に合わなかった」とい
う意味になります。他に be on time (時間通りに来る、時間を守る)
という言い方もあります。

ここでは、交通機関でのやり取りとして想定される一往復の短い会話をまとめました。

🔊 007

1

How do I get to King's Cross Station?
キングズクロス駅までどうやって行けばいいですか。

You need to take the Northern Line.
ノーザンラインに乗る必要があります。

2

Where can I buy an Oyster Card?
オイスターカードはどこで買えばいいですか。

You can buy one at the machine over there.
あそこの販売機で買うことができます。

3

What time does the next train leave?
次の電車は何時に出発しますか。

It leaves at 10:35.
10時35分に出発します。

4

Does this bus stop in Notting Hill?
このバスはノッティング・ヒルに停まりますか。

No, you need to take the N28.
いいえ、N28のバスに乗ってください。

5

How much is an adult single to Camden?
カムデンまでの大人用の片道チケットはいくらですか。

That's £3.50.
それは3ポンド50ペンスになります。

Tips

1. ルートを聞く際にはHow do I get to...?（〜にはどうやって行けますか?）という表現を使います。

2. Oyster Cardは駅の切符販売機やNewsagents（コンビニ）で販売されています。

3. next trainは「次の電車」という意味になります。

4. バスの運転手にDoes this bus stop in...?（このバスは〜に停車しますか）と言ってバスの停留場を聞くことができます。

5. adult singleは「大人用の片道チケット」です。子供用の場合はchild singleになります。

6

What time does the last train leave?
最終電車は何時に出発しますか。

It leaves at half eleven.
11時半に出発します。

7

I missed the last train. What should I do?
最終電車に乗れませんでした。どうすればいいですか。

You can take the night bus. The bus stop is over there.
夜行バスに乗れますよ。バス停はあそこにあります。

8

I'd like to go to Greenwich. How much is the fare?
グリニッジに行きたいです。運賃はいくらになりますか。

Jump in. It will be around £10 from here.
どうぞ、乗ってください。ここから10ポンドくらいになります。

9
I want to buy a 16-25 Railcard.
What do I need?

16-25 Railcardを買いたいんですが、何が必要ですか。

You need some identification
and a passport photo.

身分証明書とパスポート写真が必要です。

10
Can I use my 16-25 Railcard?

16-25 Railcardを使えますか。

Yes. You will get 1/3 off your fare.

はい、電車賃は3分の1分割引きされます。

Tips

6. half elevenはhalf past eleven（11時半）の省略形です。

7. night busとは、地下鉄が終わってから走るバスのことです。

8. bus fareで「バス代」という意味になります。taxi fare（タクシー代）という表現もあります。

9. identificationはパスポートなどの身分証明書になります。

10. railcard（鉄道運賃の割引証明書）は地下鉄の切符を買う際にも使えますが、フランスへ走るEurostarには使えません。

Dialogue

往復切符を買いたい！

以下はアキと駅員が駅で交わした会話です。アキは何やら買いたいものがあるようですが……。

🔊 008

station staff: Hello. How can I help you today?

Aki: Hello. I'd like to buy a return ticket to Brighton.

staff: Certainly. When are you going to travel?

Aki: I want to go tomorrow.

staff: Do you have a railcard?

Aki: Yes, I have a 16-25 Railcard.

staff: What time do you want to depart?

Aki: I want to leave at 10am and return at 7pm.

staff: Certainly. That will be £15, please.

Aki: Thank you very much.

訳

駅員：いらっしゃいませ。今日はどのようなご用ですか。

アキ：こんにちは。ブライトンへの往復の切符を買いたいです。

駅員：かしこまりました。電車に乗るのはいつの予定ですか。

アキ：明日乗る予定です。

駅員：レイルカードはお持ちですか。

アキ：はい。10-25 Railcardがあります。

駅員：出発時間は何時がいいですか。

アキ：午前10時に出発して、午後7時に帰りたいです。

駅員：かしこまりました。15ポンドになります。

アキ：ありがとうございます。

Self-check

Unit 2に出てきた文中表現の復習です。以下の日本語の意味になるように英文を完成させてください。答えはこのページの下にあります。

① 普段学校に行くときは8：15発のバスに乗る。

I ( ) ( ) the 8:15 bus to college.

② 私はバスの2階に乗るのが好きだ。

I like to sit on the ( )( ) of the bus.

③ 最寄駅の券売機でオイスターカードをチャージしておいた。

I ( )( ) my Oyster Card at the machine in my nearest station.

④ この電車はブライトンまで行きますか。

Does this train ( )( ) Brighton?

⑤ 電車の中でものを食べても大丈夫？

Are we ( ) ( ) eat on the train?

⑥ 今日初めて電車の定期券を買った。

I bought my first ( ) ( ) for the train today.

⑦ 豪雨のせいで今朝は電車に間に合わなかった。ムカつく！

I missed my train this morning because of the heavy rain. I'm ( )( ) !

⑧ 困った！　電車がキャンセルされてしまった。

What ( )( ) ! My train got cancelled!

⑨ 地下鉄の駅を乗り過ごしてしまった！

I ( ) my Tube stop!

⑩ ギリギリ終電に間に合った！

I ( ) ( ) the last train of the day!

60
① usually take ② top deck ③ topped up ④ go to ⑤ allowed to
⑥ season ticket ⑦ so annoyed ⑧ a hassle ⑨ missed ⑩ just made

Unit 3
語学学校
language school

語学学校で使う **定番表現20**

学校の中でくり返し習慣的に行う行動や質問を英語で
言ってみよう！

🔊 009

1　Hi. What class are you in?

こんにちは。あなたは何のクラスに入っているの？

↳ この文脈でのclassは「クラス」という意味になりますが、
それ以外に「授業」という意味もあります。

2　I'm studying at this school for one year.

私はこの英語学校に1年間通う予定。

↳ be ...ingという進行形は、特定の瞬間を表すだけでなく、
「未来の予定」も表すことができます。

3　I'm in the intermediate class.

私は中級レベルのクラスに入っている。

↳ intermediateは「中級レベル」になります。basic /
beginners（初級）とadvanced（上級）もあります。

4　I've studied English for about 8 years.

私は約8年間英語を勉強している。

↳ 過去から現在まで続いていることについて話す際に現在完
了形を使います。

5　Could you say that again, please?

それをもう一度言っていただけますか。

↳ couldの代わりにcanも使っても大丈夫ですが、couldの
方が丁寧です。

6 I don't understand this assignment.

この課題が理解できない。

⤷ assignmentは「課題」という意味になります。代わりに
taskやexerciseも使えます。

7 Excuse me. Could you tell me what this means?

すみません。この意味を教えていただけますか。

⤷ meanは「意味する」という意味の動詞で、過去形は「meant」
です。

8 When is this homework due?

この宿題の締め切りはいつ？

⤷ dueは「締め切り、期限である」という意味の形容詞です。

9 Let's be partners for this activity.

このアクティビティーではパートナーになろうよ。

⤷ このように何かを提案する際にLet's...を使います。

10 I'm sorry I'm late for class.

レッスンに遅れてしまってごめんなさい。

⤷ 自分が遅れている際にI'm sorry I'm lateを使いますが、課
題の提出が遅れる場合にはI'm sorry it's lateになります。

11 Could you speak a little slower, please?

もう少しゆっくり話してくださいますか。

> a little slowerの代わりにmore slowly（もう少しゆっくりと）も使えます。

12 I don't know this word.

この単語の意味がわからん。

> wordは「単語」です。「熟語」や「イディオム」の場合にはidiomを使います。slang（俗語）という言い方もあります。

13 Is this an idiom?

これはイディオムなの？

> 教材などに出ている表現を指さして質問する際にこの表現を使います。

14 I will be absent tomorrow.

明日は欠席します。

> 休みを取る際にbe absent（欠席する）という表現を使います。

15 Which classroom are we in today?

今日はどこの教室を使うの？

> 「教室」が変わる場合にこの表現を使います。classroomのイギリス英語の発音は「クラースルーム」になります。

16 Is this desk free?

この机は空いてる？

> ここでのfreeは「無料」ではなく「空いている」という意味になります。

17 Can I borrow your rubber?

消しゴムを借りてもいい？

> eraser（消しゴム）はイギリス英語ではrubberという言い方になります。なお、rubberはアメリカ英語で「コンドーム」という意味になるスラングです。

18 Shall I lend you a pen?

ペンを貸そうか？

> lendは「貸す」、borrowは「借りる」。違いに気を付けましょう！

19 What is this teacher's name?

この先生の名前は何ですか？

> 日本人は教師を「先生」と呼びますが、英語圏の国では先生を名前（Mr/Ms/Mrs + 苗字）で呼びます。発話者が大人の場合はファーストネームで呼びます。

20 May I ask you a question?

質問をしてもいいですか？

> May I...?（〜してもいいですか）は、許可を求めるときの特に丁寧な聞き方です。カジュアルな場合にはCan I...?（〜してもいい？）を使います。

Tweet

語学学校でツイートできるフレーズを集めました。SNS
で使えるハッシュタグも要チェック！

🔊 010

1 Today is my first day at language school.

今日は語学学校の初日だ。

#englishlearner

↪ **English learner** = 英語学習者
「英語学習者」は英語でEnglish learnerになります。このハッシュタグ
で英語関係の情報をシェアすることができます。

2 I'm nervous about my placement test today.

今日のレベルテストのことが心配だ。

#englishexam

↪ **nervous** = 緊張している
be nervous about...は「〜を心配している、〜で緊張している」とい
う意味になる表現です。nervousの代わりにworried（不安で、緊張し
ている）も使えます。

3 I'm looking forward to making new friends
at language school.

語学学校で新しい友達ができるのを楽しみにしている。

#newfriends

↪ **make friends** = 友達を作る
makeとfriendsの間に形容詞を入れることができます。例えばmake
new friends（新しい友達を作る）やmake foreign friends（外国人の
友達を作る）という文を作ることができます。

4

I hope my new English teacher is nice!

新しい英語の先生がやさしい人だったらいいね！

#languageschool

↪ **hope** = 望む、〜だといい
「〜だといいね」は英語でI hope...になります。例えば、I hope the test is easy.（テストが簡単だったらいいね）や、I hope it's sunny tomorrow.（明日は晴れるといいね）などの文章が作れます。

5

This school is located in the centre of London.

この学校はロンドン中心部にある。

#centrallondon

↪ **be located in...** = 〜に位置する
be located in...は少しフォーマルな言い方なので、主にライティングで使われます。会話では、This school is in the centre of Londonなどになります。

6

I'm taking the bus to school today.

今日は語学学校にバスで行くよ。

#londonbus

↪ **take the bus** = バスに乗る
take the busの代わりにcatch the busという言い方もあります。be ...ing（進行形）はこれからの予定を表す表現です。

7 I was placed in the intermediate class!

中級レベルのクラスに配属された！

#languageschool

↪ **be placed in...** = 〜に配置される、配属される
語学学校に入学する際にはplacement test（レベル分けテスト）を受けます。その結果で英語レベルに合うクラスに配属されます。

8 The first day was so much fun!

最初の日はめちゃくちゃ楽しかった！

#languageschool #somuchfun

↪ **fun** = 楽しいこと
funは名詞です。したがって日本人がよく使うvery funは正しい英語ではありません。英語ネイティブはa lot of funやloads of fun、so much funなどの表現を使います。

9 I am the only Japanese student in my class.

私はクラスでただ一人の日本人生徒だ。

#japaneseinlondon

↪ **only** = 一人だけの
ロンドンの語学学校には世界中から生徒が来ており、もしかするとクラスでただの一人の日本人生徒になるかもしれません。英語学習の環境としては良いことです。

10   We went to the local pub after classes.

授業が終わってから一緒にパブに行ったんだ。

#londonpub #englishstudents

↳ **local pub** ＝近所のパブ
local pub（近所のパブ）のことをイギリス人はthe local / my localと略したりします。そのため、I went to my local after classesという文でもイギリス人には通じます。

11   No homework today!

今日は宿題ナシ！

#freedom

↳ **no homework** ＝ 宿題なし
I don't have any homework.の代わりに、単にNo homework.と言うことができます。no＋名詞という組み合わせはよく使われます。例えば、No worries.（大丈夫だよ）やNo problem.（問題ない）などの表現もあります。

12   It took me two hours to finish this homework!

この宿題を終わらせるまで2時間もかかった！

#tired #hardwork

↳ **take** ＝ かかる
tookはtake（かかる）の過去形です。かかった時間について話す際に使う動詞です。

13 I learned so many new words today!

今日は新しい単語をめちゃくちゃ覚えた！

#englishlearner

↪ **learn** = 学ぶ、覚える

learnの過去形はlearnedまたはlearntになります。learntは主に
イギリス英語で使われているスペルです。過去分詞で使われること
が多いです。

14 I'm really enjoying being a student again.

また学生になるのがめちゃくちゃ楽しみ。

#student

↪ **being** = であること

being a 名詞というパターンはとても役に立ちますが、上手に使え
ない英語学習者が多いです！　覚えておくといろいろな文章を作る
ことができます。例えば、I like being a student.（学生でいるこ
とが好きなんだ）やI don't like being a tourist.（観光客になるの
は好じゃない）など。

15 It's tiring studying all day!

1日中勉強すると疲れてしまう。

#tired

↪ **tiring** = 疲れる、疲れさせる

tiringは形容詞なので、名詞の前に置くことができます。例えばa
tiring dayは「疲れる1日」になりますし、a tiring jobは「疲れる
仕事」という意味になります。

16 I passed my English exam!

英語の試験に合格した！

#pass #happy

⤷ **pass** = 合格する

passはイギリス英語の発音では「パース」になります。上記の例文では動詞ですが、名詞としても使うこともできます。例えば、I got a pass. はI passed. と同じ意味になります。

17 My classmates are so much fun!

クラスメートはとても楽しい人たちだ！

#classmates #studyingisfun

⤷ **classmate** = クラスメート、同級生

イギリス英語の発音は「クラースメイト」になります。classmateの同義語はありませんが、my friends from English schoolという表現を使うこともできます。

18 I'm going out for dinner with my classmates today.

今日はクラスメートと一緒に夕食を食べにいく。

#friends

⤷ **go out for...** = ～のために出かける

go out for...という表現はいろいろなシチュエーションで使います。例えば、go out for dinner（食べにいく）、go out for a drink（飲みにいく）、go out for a walk（散歩にいく）などの表現もあります。

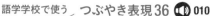

19 I took my classmates to a sushi restaurant today.

今日はクラスメートを寿司レストランに連れていった。

#delicious #sushi #japanesefood

> **take** = 連れていく
> takeにはさまざまな使い方がありますが、この場合は「連れていく」という意味になります。take＋人＋to ...は「人を〜に連れていく」という意味です。takeの過去形はtookです。

20 They had never tried Japanese food before!

彼らは日本食を食べたことがなかったんだ！

#japanesefood

> **have never...** = 〜をしたことがない
> 経験したことについて話す際には、have (never)＋動詞の過去分詞というパターンを使います。neverを入れると「〜をしたことがない」という意味になります。

21 Today we had a party for my classmate's birthday.

今日はクラスメートの誕生日パーティーを行った。

#happybirthday

> **have a party** = パーティーを開く
> 「パーティーを開く」を表すには、have a partyの代わりにhold a partyという言い方も使えます。

22 I'm practising my English speech for tomorrow.

明日のために英語スピーチを練習中。

#nervous #englishspeech

→ **practise** = 練習する
イギリス英語では、practiceというスペルで名詞の「練習」という意味になります。一方、practiseというスペルにすると動詞の「練習する」の意味になります。アメリカ英語は両方ともpracticeです。英語ネイティブでも間違えるスペルです！

23 This is my English teacher!

こちらは私の英語の先生です！

#englishteacher

→ **this is...** = こちらは〜です
誰かを紹介する際にheやsheではなく、this is... という表現を使います。

24 I'm glad I chose this school.

この語学学校を選んでよかった！

#englishschool

→ **glad** = 喜ぶ、〜してよかった
I'm glad that...という表現は「〜をしてよかった」という意味になります。満足を表す表現です。

25 Look at my cute stationery haul!

私が買ったかわいい文房具を見て！

#stationeryhaul

↳ **haul** = 買ったもの

haulという名詞はもともと「漁獲高」や「運搬」という意味でしたが、現在、SNSで買い物について話す際には「自分が買ったもの」という意味になります。主にものをたくさん買う際に使う表現です。

26 Where is the best place to buy cheap stationery in London?

ロンドンで安い文房具を買える一番いい店を教えて。

#stationery

↳ **stationery** = 文房具

stationeryは「文房具」という意味になります。stationaryは「動かない（もの）」を意味してしまうので、スペルに気を付けましょう！

27 Just finished writing my first essay. Phew!

初めてのエッセーをちょうど書き終えたところ。ふう！

#essay #student #tired

↳ **phew** = ふう、はあー

phewは英語の擬音語で、日本語の「ふう」や「はあー」というほっとしたときに使う音になります。essayは「小論文」や「作文」の意味です。

28 I'm so happy with my grades!
自分の成績にめちゃくちゃ満足しているよ！

#student #languageschool

↳ **grades** = 成績
gradesの代わりにmarksやscoresという言い方もあります。イ
ギリス人は特にmarksという言い方を多くします。満点はfull
marksという言い方になります。

29 I need to finish my homework quickly so I can go to the pub!
パブに行くために早く宿題を終わらせないとダメだ！

#homework #pub #student

↳ **need to...** = ～する必要がある
need toとhave to は同じ意味になりますが、ネイティブの日常会
話ではneed toの方がよく使われます。

30 Oh no! I left my textbook on the bus!
やばい！　宿題をバスに忘れてしまった！

#careless

↳ **left** = 置き忘れた
「忘れる」は一般的にforgetと思いがちですが、ものを「置き忘れる」
はforgetではなく、leave（過去形：left）という動詞を使います。

31 I had a one-to-one English lesson today.
It was really helpful.

今日はマンツーマンの英語レッスンをした。めちゃくちゃ役立った。

#englishlearner

↳ **one-to-one** = マンツーマン
「マンツーマン」はイギリス英語でone-to-oneになります。アメリカ英語ではone-on-oneという言い方になります。日本語と同じman-to-manという表現もありますが、これは主にサッカーなどのスポーツについて話す場合に限られます。

32 I'm doing a language exchange with a Japanese learner today.

今日は日本語学習者とランゲージエクスチェンジをする。

#learnjapanese

↳ **language exchange** = ランゲージエクスチェンジ
language exchangeとは会話を通じて、自分の言語をパートナーに教えてあげながら、パートナーの言語を練習することです。日本語を覚えたいイギリス人も多くいますので、language exchangeはお勧めです。

33 We are studying together in the park.
Beautiful weather!

今日は公園で一緒に勉強する。いい天気だから！

#englishlearner #park

↳ **weather** = 天気
イギリス人はよく「天気」の話をします。イギリスは天気が悪いというイメージがありますが、実は、「悪い」よりも「変わりやすい」というのが本当のところです。だから1日に四季を感じることができるとも言えます！

34 The facilities at this school are excellent!

この学校の設備はめちゃくちゃ優れている！

#englishschool #london

↪ **excellent** = 素晴らしい

excellentという形容詞はイギリス人が好んで使います。アメリカ人は何かをほめる際にawesome!という表現を使いますが、イギリス人はexcellentを使う傾向があります。

35 We are going on an excursion to Canterbury today. I'm so excited!

今日はカンターベリーへの遠足に行く！　楽しみ！

#excursion #canterbury

↪ **excursion** = 遠足

多くの語学学校は生徒を遠足に連れていきます。古くて歴史的な町がよく選ばれます。excursionの代わりにoutingやday trip、class tripなどの表現も使えます。

36 I got great feedback from my teacher today. I'm so happy!

今日は先生からとてもいいフィードバックをもらった。めちゃくちゃうれしい！

#greatteacher #happystudent

↪ **feedback** = 評価、反応、フィードバック

先生からの意見やアドバイスは英語でfeedbackと言います。「良いフィードバック」はgood / great / positive feedbackになります。

語学学校で使う **会話表現10**

ここでは、語学学校でのやり取りとして想定される一往復の短い会話をまとめました。

🔊 011

1
Excuse me. Where is classroom 3B?
すみません。教室3Bはどこにありますか。

It's on the second floor, opposite the lift.
2階でエレベーターの反対側にあります。

2
Hi. Can I sit here?
ここに座っても平気？

Sure. Go ahead. This seat is free.
もちろん。どうぞ。この席は空いているから。

3
How long have you studied English?
どのくらい英語を勉強しているの？

I've studied English since I was 12 years old.
12歳のときから英語を勉強しているよ。

4

What are your goals for studying English?

英語学習の目標は何ですか。

I want to improve my speaking and listening skills.

スピーキングとリスニング力を上達させたいですね。

5

Hi. Which course are you studying?

こんにちは。あなたは何の講座を勉強しているの？

I'm taking the business English course.

ビジネス英語の講座をとっているよ。

Tips

1. イギリスの second floor は日本の「3階」になります。日本の「1階」はイギリスで ground floor です。また lift はイギリス英語で、アメリカ英語なら elevator です。

2. Go ahead. は主に「どうぞ」という意味になりますが、文脈によって「先に進めてください」という意味にもなります。

3. I've は I have の略です。会話では I have をあまり使いません。

4. Improve... ([スキルなどを] 上げる、良くする) という表現は自分の英語力について話す際によく使う動詞です。

5. course は「講座、クラス」という意味になります。語学学校にはいろいろな講座があります。

6

What did you think of that lesson?

その授業のことをどう思った？

It was really interesting. I learned a lot of new vocabulary.

めちゃくちゃ面白かったよ。新しいボキャブラリーをたくさん覚えたし。

7

What do you think of the teacher?

その先生のことをどう思う？

She's really kind. She always answers my questions in depth.

彼女はとてもやさしいよね。私の質問にいつも詳しく答えてくれるから。

8

When is this homework due?

この宿題の締め切りはいつ？

We have to hand it in tomorrow after lunch.

明日のお昼休みの後に提出しなくちゃならない。

9

Kate, I don't understand the assignment you gave us yesterday.
ケイト先生、昨日もらった課題がわかりません。

Come to me after the lesson and I'll explain it again.
授業が終わったら私のところに来て。もう一回説明するわ。

10

Will you work with me on this project?
私と一緒にプロジェクトに取り組まない？

Sure. Let's work together.
いいよ。一緒にやろう。

Tips

6. 人の意見を聞く際に What did you think of / about ...? という疑問文を使います。

7. in depth は「詳しく、深く」という意味になる表現です。

8. due は「期限」という意味で、hand... in という句動詞は「提出する」という意味になります。submit や turn... in という言い方もあります。

9. I don't understand... は「～の意味・やり方がわかりません」という意味になる表現です。先生に質問する際に使うことができます。

10. パートナーになってくれるようにクラスメートを頼む際に Will you work with me? / Will you be my partner? という表現を使うことができます。

教室で自己紹介しよう！

語学学校の教室内での、アキとクラスメイトとのやり取りです。

🔊 012

Aki: Hi. I'm Aki. Can I sit here?

Classmate: Sure. This seat is free. Where are you from?

Aki: I'm from Tokyo in Japan. How about you?

Classmate: I'm from Poland. How long have you been in London?

Aki: I arrived last week. I'm staying with a host family.

Classmate: What do you think of this teacher?

Aki: She's nice. She always answers my questions.

Classmate: Shall we work on this project together?

Aki: Yes, that would be nice. It's due next Friday, isn't it?

Classmate: That's right. We have to hand it in after lunch next Friday. Right, let's get started!

訳

アキ：こんにちは。アキよ。ここに座ってもいい？

同級生：もちろん大丈夫。この席は空いているから。どこから来たの？

アキ：日本の東京から。あなたはどこの出身？

同級生：私はポーランド出身。どのくらいロンドンにいるの？

アキ：先週来たところ。ホストファミリーと一緒に住んでいるの。

同級生：この先生のこと、どう思う？

アキ：めちゃくちゃやさしいよね。私の質問にいつも答えてくれる。

同級生：このプロジェクトを一緒にやろうよ。

アキ：いいよ。次の金曜日のお昼休みの後には提出しなくちゃいけないものね。さて、始めちゃおうか！

Self-check

Unit 3に出てきた文中表現の復習です。以下の日本語の意味になるように英文を完成させてください。答えはこのページの下にあります。

① 私は中級レベルのクラスに入っている。

I'm in the (　　　　　) class.

② この課題が理解できない。

I don't understand (　　) (　　　　).

③ もう少しゆっくり話してくださいますか。

Could you speak a (　　) (　　　　), please?

④ 消しゴムを借りてもいい?

Can I (　　　) your (　　　)?

⑤ 今日のレベルテストのことが心配だ。

I'm (　　　) (　　) my placement test today.

⑥ 1日中勉強すると疲れてしまう。

It's (　　　) (　　　) all day!

⑦ 今日はクラスメートと一緒に夕食を食べにいく。

I'm (　　　) (　　) for dinner with my classmates today.

⑧ 明日のために英語スピーチを練習中。

I'm (　　　　) my English speech for tomorrow.

⑨ 私が買ったかわいい文房具を見て!

Look at my cute (　　　　) (　　)!

⑩ 今日はカンターベリーへの遠足に行く!　楽しみ!

We are going on an (　　　　) to Canterbury today.
I'm so excited!

① intermediate　② this assignment　③ little slower　④ borrow / rubber
⑤ nervous about　⑥ tiring studying　⑦ going out　⑧ practising
⑨ stationery haul　⑩ excursion

84

Unit 4
レストラン
restaurant

レストランで使う **定番表現20**

レストランでくり返し使える定番表現や、習慣的に行う
行動表現を英語で言ってみよう！

🔊 013

1 A table for two, please.

2名でお願いします。

⤷ レストランに入る際にa table for ...（人数）という表現を使います。

2 Do you have any free tables?

テーブルは空いていますか。

⤷ 混んでいるレストランに入る際に使う表現です。Do you have...の代わりにAre there...も使えます。

3 I don't have a reservation.

予約はしてないんだけど。

⤷ reservationだけではなくbooking（予約、ブッキング）という単語もよく使われます。

4 I'd like to book a table, please.

テーブルを予約したいんです。

⤷ reserveとbookは両方とも「予約する」という意味になる動詞です。

5 Could I see the drinks menu, please?

飲み物のメニューをお願いします。

⤷ Could I ...?は「〜してもいいですか」という意味になる、Can I ...?（〜してもいい？）より丁寧な表現です。

86

6 We're ready to order now.

注文が決まりました。

↳ ready to ... は「〜する準備ができている、すぐに〜できる」と
いう意味になる表現です。

7 I'll have the fish and chips.

私はフィッシュアンドチップスにするよ。

↳ レストランで注文する際にはI'll have... という表現を使います。

8 I'll just have tap water, please.

水道の水だけで大丈夫。

↳ tap water（水道の水）は必ず無料です。waterとだけ言って注
文した場合、有料のペットボトルの水が来るかもしれません。

9 Could we have another bottle of wine?

ボトルワインをもう1本もらえますか。

↳ anotherは「もう1つ」という意味になります。another beer（も
う1杯のビール）やanother glass of wine（もう1杯のワイン）、
another fork（別のフォーク）などの組み合わせで使われます。

10 Our food still hasn't arrived.

注文した食べ物がまだ来ていないんですが。

↳ 注文した食べ物が来ない場合には、Where's my food?（俺の
食べ物はどこだ？）ではなく、もう少しソフトな表現で伝えた
方がいいです。not arrived（未到着）は、このように飲食店や
オンラインショッピングで使えます。

11 This isn't what I ordered.

これは私が注文したものじゃないよ。

> ↪ ウェーターが違う食べ物を持ってきた際には、このThis isn't what I ordered.というフレーズが便利です。

12 Does this contain egg?

これには卵が入っていますか。

> ↪ containという動詞は「含む、入っている」という意味になります。アレルゲンや食べられないものを確認する際に使える表現です。

13 I'm allergic to egg.

卵アレルギーなんだ。

> ↪ アレルギーを伝える際にI'm allergic to...という表現を使います。allergicは「アラージック」という発音になります。カタカナ発音でアレルギーと言っても通じません。

14 Can we order dessert now?

今デザートを注文してもいいですか。

> ↪ コースを頼んだ後、別のものを注文したい際にはCan we order ... now?（今〜を注文してもいいですか）という表現を使います。

15 It was lovely, thank you.

おいしかったです。ありがとうございます。

> ↪ ウェーターがHow was your meal?と聞いてきたら、It was...というふうに答えましょう。

16 Can we have the bill now, please?

お会計をお願いします。

> 「会計」はイギリス英語でbillになりますが、アメリカ英語の場合はcheckになります。

17 Can I pay by cash?

現金で払えますか。

> 最近、多くのレストランはカードや電子マネー限定ですので、上記のようにby cash（現金で）を使った表現で確認するのがお勧めです。

18 Can we pay separately?

別々に払っても大丈夫ですか。

> 友達と別々に支払いしたい場合は食べる前に、separately（個別に）を使って確認した方がいいです。

19 Do we pay the bill at the table?

テーブルで会計をすればいいですか。

> ほとんどのレストランはテーブルで支払いますが、パブの場合はバーカウンターで先払いをします。

20 I'd like to pay by credit card.

クレジットカードで支払いたいです。

> I'd like to pay...（私が支払いたいです）はフォーマルな言い方です。カジュアルな言い方はI'll pay...になります。

レストランで使う **つぶやき表現36**

レストランでツイートできるフレーズを集めました。
SNS で使えるハッシュタグも要チェック！

🔊 014

1 I've wanted to try this restaurant for ages!

ずっと前からこのレストランで食べてみたかったんだ！

#britishfood

for ages = ずっと、長い間

for ages は日常会話でよく使われる口語です。for a long time よりもカジュアルですが、同じ意味になります。

2 This Japanese restaurant serves London's best ramen!

この店はロンドンで一番おいしいラーメンを出している！

#ramen #japanesefood

serve = （食事を）出す

serve という動詞は「食べ物・飲み物を出す」という意味になります。いろいろなニュアンスで使える動詞です。例えば、Dinner will be served at 7pm（夕食は7時に出す）という使い方もあります。

3 I tried British food for the first time!

初めてイギリス料理を食べてみた！

#britishfood

try = 〜してみる、試す

try British food は「イギリス料理を食べてみる」という意味になります。イギリス人はよく外国人に Have you tried any British food yet?（イギリス料理を食べてみましたか）という質問をします。

4 ## The chef in this restaurant is Japanese!

この店のシェフは日本人！

#japanese

↳ **chef** = シェフ、コック

レストランの「シェフ（料理長）」は英語でもchefになります。「コック（料理人）」は英語でcook（発音：クック）になります。日本語の発音を使うと通じませんので気を付けましょう！

5 ## The atmosphere in this restaurant is amazing!

このレストランの雰囲気が素晴らしい！

#londonrestaurants

↳ **atmosphere** = 雰囲気、ムード

バーやレストランの「雰囲気」について話す際にはatmosphereという単語を使います。mood（ムード、気分）は違うニュアンスになりますので、この場面ではあまり使いません。

6 ## I went to a vegan restaurant with my host sister. Delicious!

ホストシスターと一緒にヴィーガンレストランに行った。おいしい！

#vegan #meatfree

↳ **vegan** = ヴィーガン（動物由来の食品を避けること、そうする人）

毎年、ヴィーガンのイギリス人が増えてきています。レストランのメニューにもヴィーガンの食品を明記してあります。

91

7 London has so many great Italian restaurants.

ロンドンにはおいしいイタリア料理店がめちゃくちゃ多い。

#italianfood

> **great** = 素晴らしい、おいしい
> 「おいしいレストラン」は英語でdelicious restaurantとはなりません。なぜならレストランは食べ物ではないからです。代わりにgreat restaurantやamazing restaurantなどの言い方をします。

8 This restaurant has the cutest interior!

このレストランのインテリアがめちゃくちゃかわいい！

#coolrestaurant

> **cutest** = とてもかわいい、一番かわいい
> 形容詞＋estは文法的に言うと最上級で、ものを比較する際に「一番〜」という意味になります。しかし、日常会話では形容詞＋estで「とても〜、めちゃくちゃ〜」という意味になります。

9 The waiters at this restaurant are really friendly.

このレストランのウェーターはめちゃくちゃフレンドリーだ。

#goodservice

> **waiter** = ウェイター
> waiterはそのまま「ウェイター」という意味です。女性の場合はwaitressという言い方をします。最近はserverというジェンダーフリーな言い方が広がってきています。

10 This is my favourite restaurant in London.

ここがロンドンで私の「推し」のレストランだ。

#favouriterestaurant

favourite = お気に入りの、推しの

イギリス英語のスペルはfavouriteになります。アメリカ英語なら favoriteです。イギリスにいる間はイギリス英語のスペルを使いましょう！

11 This tastes better than it looks! lol

これは見た目よりおいしいから！（笑）

#goodfood

lol = （笑）

lolはメールやSNSでよく使われている頭字語で、laughing out loudの省略形です。冗談だと伝えたいときにlolを付ける人が多いです。

12 I had sticky toffee pudding for dessert. Delicious and not too sweet.

デザートはスティッキー・トフィー・プディングだった。おいしくて甘過ぎない。

#pudding #dessert

pudding = デザート、蒸しケーキ

イギリス英語ではpuddingという単語には数多くの使い方があります。例えば、食後に食べる「デザート」はよくpuddingと呼ばれますし、温かくして食べる蒸しケーキもpuddingです。black puddingという名のソーセージもあります。

13 This restaurant is cheap for central London.

この店はロンドン中心部にあるのに安い。

#cheaprestaurant

cheap = 安い
ロンドンのレストランは高いイメージがあります。安いレストランを見つけたらSNSでシェアした方がいいでしょう！ cheapの代わりにreasonableやaffordableも使えます。

14 I don't recommend this Japanese restaurant. It's not authentic.

この日本料理店はお勧めしない。本物の日本食ではないからね。

#badfood

authentic = 本物の、本格的な
ロンドンには「和食、日本食」と銘打っているレストランが多くありますが、たいていは日本人が運営していません。中国人やベトナム人によって管理されているJapanese restaurantが多いのです。

15 I had such a great time with my friends at this Chinese restaurant!

この中華料理店で友達とめちゃくちゃ楽しい時間が過ごせた！

#chinesefood #goodfriends

such a ... = とても、めちゃくちゃ
such a...はイギリス英語でよく使われていて、「とても〜、めちゃくちゃ〜」という意味になります。例えば、such a nice dayは「とても良い1日」という意味になります。

Unit 4

16 Which restaurants do you recommend in Chinatown?

中華街のおすすめのレストランは？

#chinatown #chinesefood

↳ **Chinatown** = 中華街
ロンドンには大きな「中華街」があります。中華料理屋はもちろん、食品やお土産を販売しているお店も数多くあります。ロンドンの中華街は町の中心部にありますので、とても便利です。

17 This restaurant was really expensive but the food was amazing!

この店は高かったが、食べ物はめちゃくちゃおいしかった！

#londonrestaurants

↳ **amazing** = 素晴らしい、おいしい
amazingはイギリス人がよく使う形容詞です。何かをほめる際に使います。amazingをさらに強調してbloodyを前に置くこともできます。bloody amazing（マジ最高）は非常にイギリス英語らしいスラングです。

18 I finally got a reservation for this restaurant. I'm excited!

やっとこのレストランで予約が取れた！　楽しみだ！

#britishfood

↳ **excited** = 興奮している、楽しみにしている
excitedは「興奮している」だけではなく、「〜を楽しみにしている」というニュアンスもあります。つまり、looking forward to...と同じ意味になります。

95

レストランで使う **つぶやき表現36** 🔊 014

19 This restaurant has three Michelin stars.

この店はミシュランで三つ星評価だから。

#michelinstar

three stars = 三つ星評価
... has three starsの代わりに... is a three-star restaurantという言い方もできます。ホテルの場合はa ... -star hotelという表現になります。

20 Which dessert should I choose?

どのデザートを選ぼうか。

#difficultchoice #dessert

dessert = デザート
dessertはすべての英語圏の国々で使われていますが、イギリス人はそれに加えてpuddingやsweetという2つの言い方もします。

21 The food I wanted was sold out. I'm so disappointed!

食べたかった料理が売り切れだった。ガッカリ！

#disappointed

disappointed = ガッカリしている
disappointedは少し長くてフォーマルな単語なので、日常会話ではI'm guttedという表現を使う人が多いです。スポーツ選手は特に多く使う傾向にあります！

22 Look at the amount of food on this plate!

このお皿に載っている食べ物の量を見てよ！

#largeportions

→ **plate** = 皿

「平皿」はplateになりますが、大きな平皿になるとdinner plateと言います。ちなみに、「皿洗い」はwashing upやwashing the dishesという言い方になります。

23 There was so much food that I couldn't finish it!

食べ物の量が多くて最後まで食べ切れなかった！

#toomuchfood

→ **so A that B** = とてもAなのでB

so A that Bは「とてもAなのでB」という意味になります。例えば、The tea was so hot that I couldn't drink it.（お茶がとても熱かったので飲めなかった）などの文で使えます。

24 If you come to London, you should visit this restaurant.

ロンドンに来たら、この店に行った方がいいよ。

#goodfood

→ **should** = 〜をした方がいい、〜するべき

何かを勧める際にはYou should...という表現を使うことができます。You shouldn't...は逆に「〜しない方がいい」という意味になります。

レストランで使う **つぶやき表現36** 🔊 014

---

25 # Be careful. This restaurant only accepts credit cards – not cash.

気を付けて！　この店はクレジットカードのみ、現金不可。

#cashlesssociety

↪ **cashless** = 現金不可

イギリスはどんどんキャッシュレス社会になっています。cashless（現金不可能）という表示はいろいろな店で見られます。最近多くの店はキャッシュレスのみになっています。

---

26 # I popped into my favourite restaurant for lunch!

お昼ごはんを食べるために「推し」の店に入った！

#favouriterestaurant

↪ **pop into** = 立ち寄る、少しだけ入る

pop into / out / overなどの句動詞はイギリス英語の会話でよく使われます。カジュアルな言い方で、「ちょっと入る、ちょっと出かける」などのニュアンスになります。

---

27 # The view from this restaurant is beautiful.

この店から見える景色がきれい。

#beautifulview

↪ **view from...** = ～から見える景色

この表現はいろいろな場面で使えます。例えば、the view from the train（電車からの眺め）やthe view from the hotel（ホテルからの眺め）などの表現を作ることができます。

28 This restaurant only serves plant-based food.

この店は植物由来の料理しか出さないから。

#vegetarian #plantbased

→ **plant-based** ＝植物由来の、プラントベースド
vegan（ヴィーガン）という単語はよく使われますが、plant-based（食物由来の）という表現も最近レストランのメニューでよく見るようになっています。

29 Today I'm trying Nigerian food at this local restaurant.

今日は地元の店でナイジェリア料理を食べてみる。

#nigerianfood #londonrestaurant

→ **Nigerian** ＝ ナイジェリアの
南ロンドン（特にPeckham周辺）には大きいナイジェリア人コミュニティがあります。そのために、おいしいナイジェリア料理を出してくれるレストランやカフェが多いです。

30 This cute restaurant just opened in my neighbourhood.

うちの近所にこのかわいいレストランができた。

#newrestaurant

→ **neighbourhood** ＝ 近所
neighbour（隣人）とneighbourhood（近所）はイギリス英語のスペルです。アメリカ英語ではneighborとneighborhoodになります。

31 This Chinese restaurant is all-you-can-eat.

この中華料理は食べ放題。

#chinesefood

↪ **all-you-can-eat** = 食べ放題
「食べ放題」のレストランはイギリスにもあります。この他に、unlimited buffet というも言い方もします。all-you-can-drink（飲み放題）は珍しいですが、一応そういうお店もあることはあります。bottomless drinks とも言います。

32 At this Indian restaurant, you can bring your own alcohol.

このインド料理店はお酒を持ち込んでも大丈夫。

#byob #indianfood

↪ **bring your own (byo)** = お酒持ち込み可
多くのレストランにはお酒を売るライセンスがありませんので、客が自分のお酒を持ち込むことができる店が多いです。これが bring your own（bottle）の意味です。byo という省略形もよく使われています。

33 The Indian food in the UK is different to Indian food in Japan.

イギリスのインド料理は日本のインド料理と違います。

#indianfood

↪ **be different to...** = ～と違う
ものを比較する際に be different to... という表現を使うことができます。イギリスのインド料理は日本のインド料理とだいぶ違います。イギリスでは肉の種類だけではなく、カレーの味も選ぶ必要があります。

34 This is a chicken tikka masala – the UK's most popular curry.

これはイギリスで最も人気のあるカレーで、チキン・ティッカ・マサラと言う。

#britishfood

⤷ **most popular** = 最も人気がある
最上級を表す際は「形容詞-est」または「the most＋形容詞」という表現を使います。popular（人気がある）の場合はthe most popularになります。

35 I want to try this restaurant but it's impossible to get a table.

この店に行ってみたいんだけど、席を予約するのが無理。

#popularrestaurant

⤷ **impossible to...** = ～をするのが無理
「形容詞＋不定詞」は会話でよく使われています。例えば、difficult to understand（わかりづらい）やeasy to make（作りやすい）などの表現はよく使われています。

36 This restaurant's Christmas decorations are very Instagrammable!

この店のクリスマスデコレーションが超インスタ映えする！

#instagrammable #christmasinlondon

⤷ **Instagrammable** = インスタ映え
日本語の「インスタ映え」は英語でInstagrammableになります。この単語は形容詞なので名詞に接続することができます。例えばan Instagrammable restaurant（映えるレストラン）やan Instagrammable sweet shop（映えるスイーツのお店）など。Instagramというブランド名が入っているため正式には大文字のIから始まります（小文字でもOKですが）。

Chat レストランで使う 会話表現10

ここでは、レストランでのやり取りとして想定される一往復の短い会話をまとめました。

🔊 015

1
Hi. Can I have a table for three, please?
3名でお願いします。

Certainly. Please come this way.
かしこまりました。ご案内いたします。

2
Are you ready to order?
ご注文はお決まりですか。

Not yet. I need a bit more time to choose.
まだです。選んでるのでもう少し時間をください。

3
What drinks would you like?
お飲み物は何になさいますか。

We'll have one glass of red wine and one glass of orange juice, please.
赤ワインをグラスで1杯とオレンジジュースを1杯ください。

4 Does this dish contain egg? I'm allergic to egg.

この料理には卵が入っていますか。卵アレルギーなので。

All the dishes on the menu marked vegan contain no egg.

メニューに「ヴィーガン」と書いてある料理には卵は入っていません。

5 Can we order our main course now, please?

今メインコースを注文してもいいですか。

Certainly. What would you like?

かしこまりました。何になさいますか。

Tips

1. 「かしこまりました」と言うとき、Certainlyの代わりにSureやOf courseも使われます。

2. a bitはイギリス英語の日常会話でa littleよりよく使われています。

3. wineやjuiceを注文する際にglass of...（ワインをボトルで頼む場合はbottle of wine）と言います。teaとcoffeeの場合はcup of...を使います。

4. dishは「お皿」だけではなく、「一皿の料理」という意味にもなります。

5. main courseは英語圏ならどこでも使われていますが、アメリカ英語ではentréeというフランス語が多く使われています。entréeはイギリス英語ではメインコースを食べる前の軽いコースという意味になります。

6
How is your food?
お食事はいかがでしょうか。

It's lovely, thank you.
とてもおいしいです。ありがとうございます。

7
Would you like to see the dessert menu?
デザートメニューはいかがでしょうか。

No, thanks. We don't need dessert.
いいえ、大丈夫です。デザートはいりません。

8
Excuse me. Can we have the bill, please?
すみません。お会計をしてください。

Sure. I'll bring it to your table in a moment.
かしこまりました。すぐテーブルまでお持ちいたします。

9

Can we pay our bill separately?
別々でお会計できますか。

Sure. Which dishes did you order?
もちろん大丈夫です。お客様は何をご注文なさいましたか。

10

Do you accept cash?
現金で支払えますか。

I'm afraid we only accept credit cards.
I'll bring the payment machine to your
table.
申し訳ございませんが、当店ではお支払いはクレジット
カートのみでございます。クレジットカードの読み取り
機をテーブルまでお持ちいたします。

Tips

6. lovelyはイギリス英語で口癖のようによく使われます。「素敵」や「お
   いしい」という意味になる形容詞です。

7. 何かを断る際にはNo, thank you. / No, thanks. という丁寧な言い
   方をします。

8. in a momentは「すぐに」という意味になります。shortlyやin a
   minuteも同じ意味です。

9. whichは「どちら」という意味になります。この例ではwhat dishes
   という言い方も使われる場合があります。

10. I'm afraid...は「残念ですが、申し訳ない」という意味になります。

Dialogue

レストランで注文してみよう！

以下はレストランでのやり取りです。飲み物、前菜、メインディッシュを注文する流れを確認しましょう。

016

Staff: Hello. Are you ready to order?

Aki: Yes, please. Can we order drinks first?

Staff: Sure. What will you have to drink?

Aki: We'll have one glass of orange juice, and one glass of wine, please.

Staff: We have red wine, white, rosé, and sparkling. Which would you like?

Aki: Red wine, please.

Staff: Would you like to order starters?

Aki: No, thanks. I'll have the steak and chips, and she'll have the roast beef for our main course.

Staff: The roast beef will take about 20 minutes to prepare. Is that alright?

Aki: Yes, that's fine. That's all for now.

訳

店員：こんにちは。ご注文はお決まりですか。

アキ：はい。先に飲み物を注文してもいいですか。

店員：はい。飲み物は何になさいますか。

アキ：オレンジジュースを1杯と、ワインをグラスで1杯ください。

店員：赤ワイン、白ワイン、ロゼワイン、スパークリングワインがございますが、どれがよろしいでしょうか。

アキ：赤ワインにしてください。

店員：前菜は注文されますか。

アキ：いいえ、結構です。メインコースなんですが私はステーキとフライドポテトにして、彼女はローストビーフにします。

店員：ローストビーフは約20分かかりますが、大丈夫ですか。

アキ：はい、大丈夫です。注文は以上で。

Self-check

Unit 4に出てきた文中表現の復習です。以下の日本語の意味になるように英文を完成させてください。答えはこのページの下にあります。

① 予約はしてないんだけど。

I don't have a (　　　　).

② ボトルワインをもう1本もらえますか。

Could we (　　)(　　) bottle of wine?

③ これは私が注文したものじゃないよ。

This isn't (　　) I (　　).

④ 卵アレルギーなんだ。

I'm (　　)(　) egg.

⑤ クレジットカードで払いたいです。

I'd (　　) to pay (　) credit card.

⑥ ずっと前からこのレストランで食べてみたかったんだ！

I've (　　) to try this restaurant for (　　)!

⑦ このレストランのインテリアがめちゃくちゃかわいい！

This restaurant has (　　) (　　) interior!

⑧ これは見た目よりおいしいから！（笑）

This (　　) better than it (　　)! lol

⑨ この日本料理店はお勧めしない。本物の日本食ではないからね。

I don't (　　　　　) this Japanese restaurant.
It's not (　　　　).

⑩ この中華料理は食べ放題。

This Chinese restaurant is (　　　　　) .

① reservation ② have another ③ what / ordered ④ allergic to ⑤ like / by
⑥ wanted / ages ⑦ the cutest ⑧ tastes / looks ⑨ recommend / authentic
⑩ all-you-can-eat

Unit 5
カフェ
café

カフェで使う **定番表現20**

カフェでくり返し使える定番表現や、カフェで習慣的に
行う行動表現を英語で言ってみよう！

🔊 017

1 One small Americano, please.
小さいアメリカーノを1つください。

↪ ブラックコーヒー好きならイギリスのカフェでアメリカー
ノを注文することをお勧めします。アメリカーノはエスプ
レッソにお湯を加えたブラックコーヒーです。

2 Do you sell iced coffee?
アイスコーヒーを売っていますか。

↪ アイスコーヒーはイギリスではあまり人気がないのでそも
そもメニューにあるかどうか確認した方がいいでしょう。

3 I don't need a straw, thank you.
ストローはいりません、ありがとう。

↪ プラスチック製ストローはイギリスでは2020年10月から
禁止されていますので、紙ストローしかありません。

4 Can I have some more ice, please?
氷をもう少しもらえますか。

↪ iceは不可算名詞なのでicesにはせず、some more iceと
いう言い方をします。

5 Can I have some napkins / serviettes?
お手拭きをもらえますか。

↪ 「ナプキン」はイギリス英語ではnapkinまたはserviette
になります。しかし、napkinは「おむつ」のnappyに似
ているためservietteを使う人が多いです。

6 One large latte to take away, please.

大きいラテを持ち帰りで1つください。

↳ largeはLサイズという意味になりますが、カフェによって
違う言い方もあります。例えばgrandeやtallなどの言い方
もあります。

7 Could you wipe the table, please?

テーブルを拭いていただけますか。

↳ Could you ...?は丁寧な言い方です。カフェが混んでいる
際には、スタッフにこの言い方で丁寧に頼む必要があるか
もしれません。

8 Excuse me. This is not what I ordered.

すみません。これは私が注文したものではありません。

↳ Excuse me.という表現でスタッフの注意を引くことがで
きます。

9 Are you being served?

ご用を承っていますか？

↳ これは店員がカフェやバーのカウンターで待っている客に
言う台詞です。serveという動詞は「仕える、客のために
働く」という意味になります。

10 Can I have some more sugar, please?

砂糖をもう少しもらえますか。

↳ sugarはiceと同じように不可算名詞ですので、sugarの
形をそのまま使います。

11 How long will it take?

どのくらい時間がかかりますか。

→ 注文したもの（it）が来るのは未来なので、未来形のwill
を使います。

12 Can you heat this sandwich up, please?

このサンドイッチを温めてもらえますか。

→ heat ... upという句動詞は「〜を温める」という意味にな
ります。

13 Do you have any hot food?

温かい食べ物はありますか。

→ 多くのイギリスのカフェは冷たいサンドイッチやスナック
しか出していませんが、確認する際にこのフレーズを使う
ことができます。

14 Are there any toilets in this café?

このカフェにはトイレがありますか。

→ アメリカ英語ではtoiletは下品な言い方と見なされ、
restroomやbathroomを使います。しかし、イギリスで
は一般的にtoiletが多く使われます。

15 Can you make this with soy milk instead of
cow's milk?

これを牛乳の代わりに豆乳で作れますか。

→ 「豆乳」はsoy milkになります。他にもoat milkや
almond milkなどの植物由来のミルクがあります。

16 What time do you close?

この店は何時に閉まりますか。

> 店の閉店時間（closing time）を聞くときにも、youという主語を使っても大丈夫です。

17 Can you put my drink in a mug instead of a paper cup?

紙コップの代わりにマグカップに入れてもらえますか。

> エコのために紙コップの代わりにマグカップに入れてくれるカフェが増えています。instead of... （～の代わりに）という表現を覚えておきましょう。

18 How much are the shortbread biscuits?

ショートブレッド・ビスケットはいくらですか。

> shortbread biscuit（ショートブレット・ビスケット）はバター風味の焼き菓子で、もともとスコットランドの伝統的なクッキーです。多くのカフェや店が販売しています。

19 Do you have Wi-Fi in this café?

このカフェにWi-Fiはありますか。

> ほとんどのカフェはフランチャイズでも個人店でも無料Wi-Fiを提供しています。パスワードが必要な場合、店内にどこかに書いてあります。オープンWi-Fiも多いです。

20 Can I charge my phone here?

ここで携帯の充電はできますか。

> charge my phoneは「携帯の充電をする」という意味になります。カフェにコンセントがあったら、スタッフに充電できるかどうか確認しましょう。なお、battery deadで「充電切れ」という意味になります。

Tweet

カフェで使う つぶやき表現36

カフェでツイートできるフレーズを集めました。SNSで使えるハッシュタグも要チェック！

018

1 This café sells London's best coffee!

このカフェはロンドンで最もおいしいコーヒーを売っている！

#coffeelover #londoncafe

best ＝ 一番良い、最高の
イギリスはもともとはコーヒーにこだわる国ではありませんでした。ですが、最近ではイギリス中でとてもおいしいコーヒーショップが増えています。最も人気のあるフランチャイズはCostaですが、おいしい個人店も数多くあります。

2 Look at the size of this milkshake!

このミルクシェイクの大きさを見てよ！

#delicious #milkshake

the size of... ＝ 〜のサイズ
何かの「大きさ」にびっくりしている際にLook at the size of this...! (この〜の大きさを見てよ) という表現を使います。

3 This café is perfect for studying.

このカフェは勉強にピッタリ。

#londoncafe

be perfect for... ＝ 〜にぴったり、〜に最適
be perfect forの後ろには名詞か動名詞を続ける必要があります。例えば、be perfect for dinner (ディナーに最適) やbe perfect for studying (勉強するのにぴったり) などの表現になります。

4 You can buy matcha drinks at this café. I'm so happy!

このカフェでは抹茶の飲み物が買える。本当うれしい！

#matcha #japanesegreentea

↪ **matcha** = 抹茶
最近、抹茶味の飲み物やスイーツはイギリスでも流行っています。
抹茶ラテや抹茶シェイクを出しているカフェが増えています。

5 All the cakes at this café were handmade by the owner.

このカフェではすべてのケーキがオーナーの手作りだ。

#cakes

↪ **handmade** = 手作り
ローカルカフェでは手作りのスイーツを楽しむことができます。日
本ではあまり売っていないスイーツはmillionaire's shortbread（ミ
リオネア・ショートブレッド）とcarrot cake（キャロットケーキ）
です。

6 Time for a brew!

お茶タイム！

#brew #teatime

↪ **a brew** = 紅茶一杯
ティータイムなどにcuppa（a cup of tea）という表現がよく使
われますが、a brewというイギリス英語特有の表現もあります。
brewはもともと「煎じる」という意味ですが、「紅茶1杯」という
意味になる口語です。

7 Nothing beats coffee and cake!

コーヒーとケーキには勝てない！

#coffeeandcake

↪ **beat** = 勝つ

何かをほめる際には nothing beats...（〜に勝るものはない、〜し か勝たん）という表現を使います。これは直訳では「〜には勝てな い」ということで「最高」という意味になる表現です。

8 I came to this café with my friends today.

今日は友達と一緒にこのカフェに来た。

#friends

↪ **came** = 来た

come（来る）の過去形である came（来た）という表現には「ま だそこにいる」というニュアンスが含まれています。もうカフェタ イムが終わって家に帰った場合は went（行った）という動詞を使 います。

9 This is my favourite coffee chain in London. Cheap but good coffee.

ここは私のお気に入りのロンドンのカフェのフランチャイズ。 安いけどコーヒーがおいしい。

#goodcoffee

↪ **chain** = フランチャイズ、チェーン

店舗の多いフランチャイズ系カフェや店は、chain と言います。 chain store は店舗の多いチェーン店のことです。

10 This is the best croissant I've ever had!

これはこれまで食べた中で最もおいしいクロワッサンだわ！

#croissant #delicious

> **croissant** = クロワッサン
>
> croissantはフランス語から来た単語なので発音は少し難しいです。そして、イギリス英語とアメリカ英語のイントネーションは違います。イギリス人はCROISSantというイントネーションを使い、アメリカ人はcroiSSANTというイントネーションを使います（大文字を強く発音する）。

11 The barista in this café is so friendly!

このカフェのバリスタはめちゃくちゃフレンドリー！

#friendlypeople

> **barista** = バーテンダー、カフェの店員
>
> カフェでコーヒーを作る店員は英語でbaristaと呼ばれることが多いです。これはイタリア語から来ている単語です。イギリス英語ではbarristerという単語もあります。発音はとても似ていますが、barristerは「法廷弁護士」という意味になります。

12 I come to this café every morning before classes.

私は毎朝授業が始まる前にこのカフェに来ている。

#goodcafe #relaxingtime

> **every morning** = 毎朝
>
> every...は「毎〜」という意味になります。例えば、every dayは「毎日」です。しかし、everyとdayの間にスペースが必要です。スペースのないeverydayは「日常的な」で違う意味になります。

13 The sofas in this café are really comfy!

このカフェのソファはとても座り心地がいい！

#comfysofa

comfy = 心地よい
comfy（発音：カンフィ）はcomfortable（心地よい）の省略形です。
イギリス英語では同様の省略形が多いです。例えば、umbrellaは
brollyになり、cardiganはcardiになります。

14 The coffee here isn't great but the cakes are amazing.

このカフェのコーヒーはおいしくないけど、ケーキはめちゃく
ちゃおいしい。

#badcoffee

isn't great = よくない
イギリス人は控えめな言葉をよく使います。例えば、とても寒い日
にa bit chilly（少し涼しいね）と控えめに言う傾向があります。そ
こで、... isn't greatはおそらく「とてもひどい」という意味にな
りえます。

15 The weather is great so I'm having coffee outside today!

天気が素晴らしいから今日は外でコーヒーを飲んでいる！

#pavementcafe

pavement café = 屋外カフェ
イギリス英語で「歩道」はpavementと言います。そのことから「屋
外カフェ」はpavement caféと言います。外でコーヒーを飲むと
自分がパリにいるように想像できます！

16 This café is great for people-watching.

このカフェは人間観察するのにとても向いている。

#peoplewatching

people-watching = 人間観察
イギリスはとても国際的な国ですし、ファッションで個性を出す人も多いので、人間観察はとても楽しいです。ロンドンやイギリスの他の都市は特にpeople-watchingに向いていると思います。

17 I love the vintage vibe of this café.

このカフェのレトロな雰囲気が好きだわ。

#vintagestyle

vibe = 雰囲気
vibe (発音：ヴァイブ) は1960年代から使われているスラングです。「オーラ」や「雰囲気」、「バイブス」という意味の単語です。

18 This is the cutest café in London.

ここはロンドンで一番かわいいカフェ。

#cutecafe

cute = かわいい
カフェのインテリアが狭くてデコレーションがかわいい場合はcuteという形容詞を使います。cuteの最上級はcutest (最もかわいい) になります。

19 They have cat cafés in London, too!

ロンドンにも猫カフェがある！

#catcafe

↳ **cat café** = 猫カフェ

「猫カフェ」はアジア（台湾）で始まったそうですが、現在イギリスでも猫カフェを楽しむことができます。ロンドンには数多くの猫カフェがありますし、小さい町にもあります。

20 The brunch menu is on point!

ブランチのメニューがめちゃくちゃいい！

#brunch

↳ **be on point** = とてもいい、素晴らしい

be on pointはもともとアメリカ英語のスラングですが、最近イギリス英語の日常会話やSNSでも使われるようになっています。おいしいものやおしゃれなファッションについて話す際に何かをほめるとき、on pointを使えます。

21 The carrot cake was divine!

キャロットケーキが最高だった！

#carrotcake

↳ **divine** = 最高

divineという形容詞はもともと宗教的な用語で「神聖な」という意味ですが、日常会話で使うと「素晴らしい、とてもおいしい、最高」などの意味になります。

22 This popular café is always chock-a-block.

この人気カフェはいつも混んでいる。

#chock-a-block

chock-a-block = 混雑している
chock-a-blockはイギリス英語の口語で「混雑している、人（など）がいっぱいいる」という意味になります。渋滞している道路について話す際にもよく出てくる単語です。

23 This is a must-visit café when you are in London.

ここはロンドンに行く際に必ず行くべきカフェ。

#mustvisit #bestcafe

must-visit = 必ず行くべき
must＋動詞という組み合わせは「〜するべき〜」という意味になり、形容詞として機能します。例えばmust-seeは「必ず見るべき」、must-tryは「必ず試してみるべき」という意味になります。

24 I checked out this café for the first time today.

今日初めてこのカフェに行ってみた。

#londoncafe

check out = 調査する、試してみる、見てみる
check outという句動詞にはいろいろな意味がありますが、日常会話で使うと「〜を調査する、試してみる」という意味になります。新しいカフェや店を開拓する際に使える表現です。

25 I had never had millionaire's shortbread before coming to the UK.

イギリスに行くまではミリオネアズ・ショートブレッドを食べたことがなかったわ。

#millionairesshortbread

↪ **millionaire's shortbread** = ミリオネアズ・ショートブレッド
millionaire's shortbreadはイギリスのカフェの定番です。ベースはショートブレッドで、その上にやわらかいキャラメルとチョコレートが乗っています。millionaire's（富豪の）という単語が豪華なイメージを与えます。

26 This Italian café is famous for its pastries.

このイタリアンカフェはパン菓子（ペストリー）で有名。

#italiancafe #italiansweets

↪ **pastry** = ペストリー、パン菓子
pastryには2つの意味があります。まずパイの生地をpastryと言います。そしてペストリーやパンでできたお菓子もpastry（複数形: pastries）です。

27 I'm addicted to the cakes at this café!

このカフェのケーキにはまってる！

#addictedtocake

↪ **be addicted to...** = 〜にはまっている、〜の中毒である
be addicted toはもともとネガティブなニュアンスで「〜の中毒になっている」という意味でしたが、スラングとして使うと「〜にはまっている」という意味になります。

28 I've never seen these pastries in Japan.
このペストリーは日本では見たことがないわ。

#unusual

↳ **have never seen** = 見たことがない
have never + 過去分詞で「〜をしたことがない」という意味
になります。今までの経験について話す際に使う表現です。

29 This café is very popular with influencers.
このカフェはインフルエンサーたちに人気。

#instagrammable #popularcafe

↳ **influencer** = インフルエンサー
influencerは「SNSなどの活動で社会に対して大きな影響を
与える人」のことです。ファッション系インフルエンサーは特
に多いですが、旅行やフィットネスのインフルエンサーもいま
す。influence（影響する）という動詞から来た名詞です。

30 I can't study without my morning coffee!
朝のコーヒーを飲まずに勉強するなんてできない！

#coffeeaddict

↳ **without...** = 〜なくて、〜しないで
withoutの後ろには名詞も動名詞も使うことができます。例え
ば、I went without my umbrella.（傘を持たずに行った）や
He left without paying.（彼は金を払わずに出た）という文で
withoutを使えます。

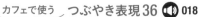
31

It's so nice to relax in this café after classes.

授業の後にこのカフェでリラックスするのが最高。

#relaxation

↪ **after class/school** = 放課後

schoolはイギリス英語で小・中・高校というニュアンスになりますので、classes（レッスン、授業）を使う方が大人っぽい言い方になります。

32

I came to this café to study but it's too noisy!

勉強するためにこのカフェに来たのに、うるさ過ぎる！

#noisycafe

↪ **noisy** = うるさい、騒がしい

カフェやレストランが「うるさい」や「騒がしい」場合にはnoisyという形容詞を使います。誰かの声が大きい場合にはloudという形容詞を使います。

33

I'm so sad that this café is closing down.

このカフェが閉店になってめちゃくちゃ悲しい。

#closedown

↪ **close down** = 閉店する

closeは「閉める、閉まる」ことですが、close downは「閉店する」になります。もうすでに閉店になったお店について話す際にはit has closed downという完了形の表現を使います。

34 My barista drew a cat in the latte froth!
So cute!

バリスタがラテの泡に猫の絵を描いてくれた。めちゃくちゃか
わいい！

#latteart

⤷ **froth** = 泡
frothまたはfoamはコーヒーやビールの上にできる泡です。その泡
に描かれた絵をlatte artと言います。

35 The large size coffees here are enormous!

このカフェのLサイズのコーヒーはめちゃくちゃ大きい！

#giantcoffee

⤷ **enormous** = 巨大な
largeやvery bigは「とても大きい」という意味になりますが、
「巨大な」と言いたい場合にはenormousを使います。giantや
gigantic、hugeも同じ意味です。

36 This café sells frothy warm milk for babies.
It's called a babyccino!

このカフェは赤ちゃんのために温かくて泡状になった牛乳を
売っているんだ。ベビチーノと言う！

#cute #babyccino

⤷ **babyccino** = 温かい牛乳
多くのカフェは子供用の飲み物を出しています。babyccinoはそ
のような飲み物です。要は泡立てた温かい牛乳です。カフェインが
入っていませんので赤ちゃんには安全です。

Chat カフェで使う **会話表現10**

ここでは、カフェでのやり取りとして想定される一往復の短い会話をまとめました。

🔊 019

1
What can I get you today?
ご注文は何になさいますか。

I'll have a small latte and a slice of cheesecake, please.
小さいラテを1つと、チーズケーキを1つください。

2
Is that for here or to take away?
店内でお召し上がりですか。それともお持ち帰りですか。

For here. I'm sitting by the window.
店内で。窓のそばのテーブルに座ります。

3
Would you like milk and sugar with that?
牛乳（ミルク）と砂糖はいかがでしょうか。

Just milk, please.
牛乳だけで大丈夫です。

4

Are you paying by cash or by card?
現金でお支払いですか。それともカードにしますか。

I'll pay by cash.
現金で払います。

5

What's your name?
お名前は何ですか。

My name is Aki. That's A. k. i.
アキです。スペルはA. k. i. です。

Tips

1. ケーキを注文する際には a slice of... （一片の〜）で注文します。

2. for here は「店内で」、to take away/to go は「持ち帰り」です。

3. イギリスのカフェで出る milk は主に牛乳です。植物油脂でできたミルクはほとんど使われていません。

4. cash or card? の代わりに How do you want to pay？（どうやって払いたいですか）と聞かれる場合もあります。

5. カフェの店員が客の名前を紙コップに書く場合があります。自分の名前のスペルを教えた方が店にとってはわかりやすいです。

6

Shall I bring this to your table?
テーブルまでお持ちいたしますか。

Yes, please. I'm on table 9.
はい、お願いします。9番のテーブルです。

7

Would you like regular milk or soy milk?
普通の牛乳か豆乳か、どちらがよろしいですか。

I'll have soy milk, please.
豆乳をお願いします。

8

What cakes do you have?
ケーキは何がありますか。

We only have carrot cake left. The other cakes have sold out.
キャロットケーキしか残っていません。他のケーキは売り切れです。

9

Shall I warm your panini up for you?
パニーニは温めますか。

Yes, please.
はい、温めてください。

10

Do I have to wait here for my coffee?
コーヒーはここで待ってた方が
いいですか。

No, I'll bring it to your table.
いいえ、テーブルまでお持ちいたします。

Tips

6. Shall I...? は「〜をしましょうか」という意味になります。

7. regular milk は「牛乳」のことです。soy milk は「豆乳」です。

8. sold out は「売り切れ」です。no longer available も同じ意味です。

9. panini はイタリア風のホットサンドです。冷たい状態でも食べられますが、温めた方がおいしいです。

10. 注文したカウンターの前で待った方がいいかどうか迷っている際にする質問です。

チャイラテが飲みたい！

今度はカフェでのワンシーンです。カフェ特有の細かな
オーダーに関する表現をチェックしましょう。

🔊 020

Staff: Hi, what can I get for you today?

Aki: I'll have one regular chai latte, please.

Staff: Would you like whipped cream on top?

Aki: No, thank you. By the way, what cakes do you have?

Staff: We have raspberry cheesecake, cinnamon rolls, and chocolate gateau.

Aki: I'll have a cinnamon roll, please.

Staff: Shall I warm it up for you?

Aki: Yes, please.

Staff: Is that for here or to take away?

Aki: For here, please.

訳

店員: こんにちは、ご注文は何にしますか。

アキ: チャイラテのレギュラーを1つください。

店員: チャイラテの上にホイップクリームはいかがでしょうか。

アキ: いいえ、結構です。ところで、どんなケーキがありますか。

店員: ラズベリーチーズケーキとシナモンロールとチョコレートガトー
がございます。

アキ: シナモンロールをください。

店員: シナモンロールは温めましょうか。

アキ: はい、お願いします。

店員: 店内でお召し上がりですか。それともお持ち帰りですか。

アキ: 店内でお願いします。

Self-check

Unit 5に出てきた文中表現の復習です。以下の日本語の意味になるように英文を完成させてください。答えはこのページの下にあります。

① 氷をもう少しもらえますか。

Can I have (　　　) (　　　) (　　), please?

② テーブルを拭いていただけますか。

(　　　　) you (　　　) the table, please?

③ ご用を承っていますか？

Are you (　　　) (　　　)?

④ どのくらい時間がかかりますか。

How long (　　) it (　　)?

⑤ 紙コップの代わりにマグカップに入れてもらえますか。

Can you put my drink in a mug (　　) (　) a paper cup?

⑥ このカフェは勉強にピッタリ！

This café is (　　　) (　) studying.

⑦ コーヒーとケーキには勝てない！

(　　　　) (　　　　) coffee and cake!

⑧ このカフェのレトロな雰囲気が好きだわ。

I love the (　　　) (　) of this café.

⑨ ここはロンドンに行く際に必ず行くべきカフェ！

This is (　)(　　　) café when you are in London.

⑩ 朝のコーヒーを飲まずに勉強するなんてできない！

I (　　) study (　　　　) my morning coffee!

① some more ice　② Could / wipe　③ being served　④ will / take
⑤ instead of　⑥ perfect for　⑦ Nothing beats　⑧ vintage vibe

　⑨ a must-visit　⑩ can't / without

Unit 6
パブ
pub

パブでくり返し使える定番表現や、パブで習慣的に行う行動表現を英語で言ってみよう！

🔊 021

1 I won't drink alcohol today.

今日、私はお酒を飲まない。

↪ 「やるつもりはない」ということなので、「未来の否定」を表す won't (will not) を使います。 文脈によっては「強い拒絶」を表すこともできます。

2 I'll have a half of lager.

ラガービールのハーフパイントをいただくよ。

↪ a half は a half pint（ハーフパイント）の省略形です。パイントは、イギリスでは約568 mlに相当します。

3 I just want a soft drink.

ソフトドリンクだけで大丈夫。

↪ soft drink はコーラやジュースなどアルコール分なしの飲み物です。

4 I'll get this one.

今回は私がおごるよ。

↪ イギリスのパブカルチャーでは、みんながバーカウンターに順番に並んで注文します。自分の番が来たときに他に仲間に対して使える表現です。

5 Does this pub serve food?

このパブは料理を出していますか。

↪ カウンターで「料理を出せる？」と聞くときの表現です。料理を出さないパブもありますので、この表現で確認することができます。

6 **You have to order food** at the counter.
バーカウンターで食べ物を注文する必要があるよ。

↳ パブではテーブルサービスがないのでバーカウンターで注文します。

7 Are you still serving food?
まだ食べ物を出していますか。

↳ パブによって食事のラストオーダーが異なりますので、この表現で
確認することができます。

8 **We are on** table number 10.
私たちは10番テーブルに座っている。

↳ パブで食事を注文する際に店員にテーブル番号を聞かれる場合があ
ります。

9 What time is last orders?
ラストオーダーは何時ですか。

↳ 「ラストオーダー」の時間を確認する際に使う表現です。

10 Are you showing the football game
tonight?
今夜サッカーの試合をテレビで流す予定ですか。

↳ スポーツの試合を大型テレビ画面で流すパブがあります。見たい試
合があったら、この表現で店に確認することができます。

11 I've spilt my drink.

飲み物をこぼしてしまった。

↳ spiltはイギリス英語でspill（こぼす）の過去形です。アメリカ英語ではspilledが一般的に使われています。

12 What time does happy hour start?

ハッピーアワーは何時から始まりますか。

↳ 多くのパブやバーはhappy hour（飲み物がだいぶ安くなる時間）を実施しています。

13 Can I have whisky on the rocks, please?

ウイスキーをロックで1つください。

↳ whiskyはスコッチウイスキーを意味するスペルです。アイルランドやアメリカのウイスキーの場合にはwhiskeyというスペルになります。

14 Whose round is it?

次は誰のラウンドだ？

↳ バーでみんなの飲み物を買うことはroundと言い、round of drinksの省略形です。グループの一人が交代で全員分の飲み物を買うときに「次は誰の番だ？」と聞いている表現です。

15 I won't have another drink.

私はもうお酒を飲みません。

↳ その日はアルコールを飲むのをやめると言う際に使う表現です。「一生飲まない」はI'm never drinking again.になり、初めからお酒を飲まない場合にはI don't drink alcohol.になります。

16 Can I have ice in my orange juice?

オレンジジュースに氷を入れてもらえますか。

⤷ イギリスのパブは黙っていると「氷」を入れてくれませんので、この表現で氷を頼みます。

17 It's my shout!

私がおごるよ！

⤷ このmy shoutは「私の番だ！」という意味になります。つまり、自分が友達の飲み物をおごる際に使います。

18 Let's call it a night.

もう帰ろう。

⤷ 通常、夜に行われる活動を終わらせる際にはLet's call it a night.という表現を使います。昼や夕方に行われる仕事や勉強を終わらせる際に使えるLet's call it a day.(＝もう帰ろう)という表現もあります。

19 My face gets red when I drink alcohol.

私はお酒を飲むと顔が赤くなる。

⤷ get redは「赤くなる」という意味になります。この現象はアジア系の人に特に影響するため、Asian flush（＝アジア人の赤い顔）という言い方もあります。

20 Let's have one more drink.

もう1杯飲もう。

⤷ drink（飲む）という動詞よりもhaveの方が自然でカジュアルな言い方です。

パブで使う つぶやき表現36

パブで投稿することのできるフレーズを集めました。
SNS で使えるハッシュタグも要チェック！

🔊 022

1 I visited a British pub for the first time! Cheers!

今日は初めてイギリスのパブに行ってみた！　乾杯！

#britishpub

↳ **cheers** ＝ 乾杯

cheersは「乾杯」という意味になりますが、イギリス人はthank youの代わりにcheersも使います。特に男性が使う表現です。

2 This pub was built 200 years ago. Wow!

このパブは200年前に建てられた。すごい！

#history

↳ **pub** ＝ イギリスふうの居酒屋

pubはもともとpublic houseの省略形です。イギリスのパブは居酒屋だけではなく、ファミリーレストランにもなります。多くのパブは夜の9時くらいまで子供も入ることができます。

3 I'm enjoying a pint with my new friends.

新しい友達と楽しく1杯やっている。

#britishpub #friends #beer

↳ **pint** ＝ 1パイント（約568ml）

イギリスは一般的にリットルやミリリットルを使いますが、ビールの場合はpintとhalf pintで販売しています。それぞれ日本のジョッキとグラスビールほどの量に相当します。enjoy a pintで「1杯のビールを楽しむ」という意味になります。

4 This pub has an open fire. Perfect for cold winter days!

このパブは暖炉を備えている。寒い冬の日にちょうどいい！

#fireplace #winter #britishpub

↳ **open fire** = 暖炉の火
とても古いパブには時々暖炉があります。イギリスの暗くて寒い冬にパブの暖炉の火はとても良い雰囲気を作ります。

5 I'm enjoying live music at my local pub.

近所のパブで音楽のライブを楽しんでいるんだ。

#livemusic

↳ **live music** = 生の音楽
バンドや歌手などのライブ演奏を行っているパブも多いです。一般的にチケットは必要ありませんので、誰でも楽しむことができます。

6 The barman at this pub makes the best cocktails!

このパブのバーテンダーが作るカクテルは最高だよ！

#cocktailtime

↳ **barman** =（男性の）バーテンダー
アメリカ英語ではbartenderという表現が使われますが、イギリス英語ではbarmanが一般的です。女性の場合はbarmaidです。ただイギリスでもbartenderという言い方で通じます。

7 This pub has a beautiful garden.
I like to relax here on summer days.

このパブには美しい庭が付いている。夏の日にここでリラックスするのが好きだ。

#pubgarden

pub garden = パブの庭
田舎のパブにはほとんどの場合pub gardenがあります。客はその「庭」に座って飲んだり食べたりすることができます。子供用の遊具（ブランコ、滑り台など）が置いてあることもあります。

8 This pub allows dogs in the garden.

このパブは庭に犬を連れていっても大丈夫。

#dogfriendly

dog friendly (pub) = 犬連れで行ける（パブ）
犬連れで行けるパブもあります。特に田舎にあるパブに多いです。しかし、都会にも犬にやさしいパブがあります。そういうパブは一般的にdog friendlyと標識に書いてあります。

9 The grub at this pub is cheap but tasty.

このパブの料理は安いのにおいしい。

#pubgrub

grub = 食べ物
grubは「食べ物」という意味になる口語です。パブで出される食べ物はよくpub grubと言われます。Let's go and get some grub.（食べにいこうよ）などの文で使える単語です。

Unit 6

10 I had so much fun watching the football
with my friends at this pub.

このパブで友達とサッカーを見るのがめちゃくちゃ楽しかった。

#football #pub

football = サッカー
サッカーはアメリカ英語ではsoccerですが、イギリス人は必ず
footballという言い方をします。時々footyと省略されます。一方、
アメリカ英語のfootballはアメフトという意味になります。

11 This is London's oldest pub.
It was built in 1602.

これはロンドンで最も古いパブだ。1602年に建てられた。

#history #oldpub

oldest = 最も古い
イギリスではとても古いパブが多いです。イギリスで最も古いパブ
はノッティンガムのYe Olde Trip to Jerusalemだと言われていま
す。1189年から営業しているパブだそうです。

12 The service at this pub is not good.

このパブはサービスが悪い。

#badservice

service = サービス
パブの店員が失礼だったり、応対が遅い場合にはbad serviceや
the service is not goodなどと表現します。パブはカウンターサー
ビスが一般的なので、上手なバーテンダーはちゃんと客の順番を覚
えたり、フレンドリーな挨拶で客を迎えたりするはずです。

141

13 This pub is rough. I won't come here again.

このパブは雰囲気が悪いね。もう行かないことにした。

#roughpub

↪ **rough** = 治安が悪い

ほとんどのパブは雰囲気がフレンドリーで安全ですが、エリアによっては rough pub（治安が悪いパブ）もあります。食べ物を出しているパブは子連れの家族に人気がありますので、安全な場所と言えるでしょう。

14 My local has a great atmosphere.

私の近所にあるパブは雰囲気がいい。

#nicepub

↪ **my local** = 自分の近所にあるパブ

イギリス人は自分がよく行く、近所にあるパブを my local と呼びます。my local pub の省略形です。

15 This pub has a nice view of Big Ben.

このパブからビッグベンがはっきり見える。

#londonpub #bigben

↪ **Big Ben** = ビッグベン

ロンドンの中心にあるパブに行くと、もしかすると Big Ben などの有名な観光スポットを見ることができるかもしれません。Big Ben はビルの名前ではなく、ウェストミンスター宮殿の時計台に入っている鐘の名前です。

16 There is a great selection of craft beers at this pub.

このパブは多種多様なクラフトビールを売っている。

#craftbeer

↪ **craft beer** = 小規模なビール醸造所で造っているビール
craft beerは小規模な醸造所で造っているビールで、最近、とても人気があります。チェーンパブは主にメインストリームのビールしか売っていませんが、独立している個人店のパブではよくcraft beerを販売しています。

17 The chairs in this pub are so comfortable! I want to stay here all day!

このパブの椅子は座り心地がいい！　1日中ここにいたい！

#nicepub

↪ **comfortable chair** = 座り心地のいい椅子
多くのパブはカフェと同じく、いろいろな種類の椅子を客のために用意しています。例えば、大型のソファや座り心地のいい肘掛け椅子（armchair）があったりします。

18 Going to the pub is a great way to practise English.

パブに行くのは英語のいい練習になる。

#studyenglish #britishpub

↪ **practise** = 練習する
イギリス英語では、動詞の「練習する」のスペルはpractiseになります。名詞の「練習」はpracticeというスペルです。アメリカ英語では動詞と名詞の両方ともpracticeというスペルになります。practiseの代わりにbrush up on...というイディオムを使うこともできます。これは「〜を磨く」という意味になります。

19 I get nervous when I have to order at the bar!

バーカウンターで注文するときには緊張してしまう！

#nervous #pub

⤳ **get nervous** = 緊張する
get nervousとbecome nervousは両方とも「緊張する」の意味
ですが、英語ネイティブは一般的にget...という言い回しを好みま
す。その方が自然な英語に聞こえます。

20 I love the old-fashioned vibe of this pub.

このパブのレトロ感が大好きだ。

#britishpub

⤳ **old-fashioned** = 古風な、レトロな
old-fashionedは「古風な」という意味になりますが、retroや
vintageという言い方をすることもできます。old-fashionedは文
脈によっては、「古くさい」という意味でネガティブなニュアンス
ですが、retroはもう少しポジティブなニュアンスになります。

21 This pub only serves traditional English food, and it's better than I expected!

このパブは伝統的なイギリス料理しか出していない。そして、
思ったよりおいしい！

#traditional #britishfood

⤳ **traditional English food** = 伝統的なイギリス料理
伝統的なイギリス料理とはローストビーフやシェパーズパイ（イギ
リスの肉じゃが）、ミートパイなどの料理です。そういう料理を食
べてみたい場合は、田舎のパブに行くことをお勧めします。

22 Enjoying a traditional Sunday roast dinner with my friends.

友達と一緒に伝統的な日曜日のローストディナーを楽しんでいる。

#sundayroast

⤷ **Sunday roast** = 日曜日に食べるローストビーフとサイドディッシュ
日曜日には家族と集まって豪華な食事を楽しむ人が多いです。そのときに食べる料理をSunday roastと言います。ローストビーフやヨークシャープディング、ローストポテトなどの献立です。

23 This pub has the most beautiful garden!

このパブの庭はとても美しい！

#pubgarden

⤷ **the most beautiful** = とても美しい、最も美しい
ロンドン周辺にはとても美しいパブガーデンがあります。特に、テムズ川の近くにあるパブガーデンからはよい景色が見られます。

24 What a hidden gem! If you go to London, you should try this pub!

誰も知らない素敵なパブだ！　ロンドンに行ったら、このパブに行ってみた方がいいよ！

#hiddengem #londonpub

⤷ **hidden gem** = 隠れた素敵な場所・もの、隠し玉
hiddenは「隠れた」で、gemは「宝石」ですからhidden gemは「隠れた素敵な場所・もの」という意味になります。そこで「誰も知らない素敵なパブ」をhidden gemと呼ぶことができるわけです。

25 A well-earned drink after a busy day.
Cheers!

忙しい日のお疲れ様の1杯だ。乾杯！

#cheers #tired

> **well-earned** ＝ ご褒美としての
> 「ご褒美」について話す際にはwell-earned...という表現を使うことができます。例えば、a well-earned holiday（ご褒美の休暇）、a well-earned beer（ご褒美のビール）などの表現が会話によく出てきます。

26 This is one of London's first Indian
gastropubs. The curry is amazing.

ここはロンドンで初めてのインド料理専門パブの1つだ。カレーがめちゃくちゃおいしい！

#curry #gastropub

> **gastropub** ＝ 質の良い料理を出しているパブ
> おいしい食べ物を出しているパブはよくgastropubと言われます。gastronomy（美食）とpubを組み合わせた語で、「美食を提供するパブ」というニュアンスを含んだ単語です。

27 This pub would make a great date spot.

このパブはデートにいいだろう。

#datespot #pub

> **date spot** ＝ デートスポット
> イギリス人もdate spot（デートスポット）という表現を使いますが、a great place for a dateやa good place to have a dateなどの方が自然な表現です。

28 I'm on a pub crawl tonight.

今夜はパブツアーだ。

#pubcrawl

→ **pub crawl** = パブツアー（いろいろなパブを巡ってそれぞれ
の場所で1杯だけ飲むこと）
pub crawlはイギリス人の大学生がよくするアクティビティです。
stag night（結婚前の男子が行う飲み会）やhen night（結婚前の
女子が行う飲み会）の際にするアクティビティでもあります。

29 It's happy hour, so I'm hanging out with my friends at the pub!

今ハッピーアワーだから友達とパブで遊んでいる！

#happyhour

→ **hang out with...** = ～と一緒に過ごす
日本語の「遊ぶ」はよくplayと翻訳されますが、大人が友達と遊
ぶ場合にはhang out with...やspend time with...の方が自然です。
playは「子供の遊び」というニュアンスになりますので、大人の遊
びにはあまり使いません。

30 Drinks in central London are so expensive!

ロンドン中心部ではお酒がめちゃくちゃ高い！

#expensive #centrallondon

→ **expensive** = 高価
ロンドンのパブは値段が高いので有名です。しかし、イーストロン
ドン（ハックニー）に行けばビールなどのお酒が少し安くなります。
イングランドの北部地方はさらに物価が安いです。

31 I'm enjoying karaoke night at my local pub.

近所のパブのカラオケイベントを楽んでいる。

#karaoke

→ **karaoke night** = カラオケイベント

多くのパブはカラオケイベントを行います。カラオケは英語でも karaokeになりますが、発音は「カリオーキ」に近いです。日本語 の発音では通じない場合があるので注意しましょう。

32 We joined the pub quiz but we didn't win.

パブのクイズに参加したが、優勝できなかった。

#pubquiz

→ **pub quiz** = パブクイズ(パブで行われるクイズゲームイベント)

イギリスではpub quizというイベントがとても人気です。友達と 一緒にチームになって、他のチームと戦うクイズゲームです。パブ のスタッフが一般知識に関する質問を読み上げ、それぞれのチーム は紙に答えを書きます。優勝したチームはお金やビールなどの賞を もらえます。

33 If you want to meet local British people, the pub is a good place to go.

ローカルなイギリス人に出会いたいなら、パブはいいスポット でしょう。

#brits #newfriends

→ **Brit** = イギリス人

「イギリス人」は英語でBritと言います。「イギリスの物」はBritish です。スコットランドとウェールズ、北アイルランドは「イギリス」 領ですが、自分の地域のアイデンティティーが強いので、Britより もScottishやWelshやIrishと呼ばれたいかもしれません。

34

English pubs have really funny names.
This one is called The King's Head.

イギリスのパブの名前は本当に面白い。このパブなんて「王様
の頭」と呼ばれている。

#pubnames #funny

pub name = パブの名前
イギリスのパブには一般的にとても古くて伝統的な名前がついてい
ます。最もよくある名前はThe Red Lion（赤いライオン）、The
Crown（王冠）、The Royal Oak（ロイヤル・オーク）などです。

35

This pub is so cosy and warm in winter!

このパブは冬には暖かくて居心地がいい！

#cosy

cosy = 居心地の良い
「居心地がよい」はイギリス英語でcosyになります。アメリカ英語
のスペルはcozyです。

36

I visited the Sherlock Holmes pub! This pub
has so much Sherlock Holmes memorabilia.

「シャーロック・ホームズ」というパブにやってきた！　このパ
ブにはシャーロック・ホームズの記念品がたくさん飾ってある。

#sherlockholmespub

memorabilia = 記念品
歴史的で古いパブは多くの場合ローカルな記念品をディスプレイ
しています。例えば、ロンドンのSherlock Holmesというパブは
シャーロック・ホームズに関する記念品を飾っています。

パブで使う 会話表現10

ここでは、パブでのやり取りとして想定される一往復の短い会話をまとめました。

🔊 023

1

Alright, love? What can I get you?
いらっしゃいませ。何になさいますか。

A half pint of lager, please.
ラガービールのハーフパイントをください。

2

Would you like ice in your cola?
コーラには氷を入れますか。

Yes, please.
はい、お願いします。

3

Hi. Can I order some food?
食べ物を注文してもいいですか。

Sure. What's your table number?
もちろんです。何番テーブルですか。

4

I'll get this round. What are you having?
今回私がバーまで買いに行くよ。飲み物はどうする？

Thanks! I'll have a vodka and cranberry juice, please.
お、ありがとう！ ウオッカ＆クランベリージュースをください。

5

Shall we get something to eat?
何かの食べ物を注文しようか。

Yeah, let's get the nachos to share.
そうね。ナチョスを注文してシェアしよう。

Tips

1. バーテンターにloveと呼ばれても驚かないで！ これはイギリス人がよく使うフレンドリーな呼びかけです。女性と男性両方とも使います。

2. colaの代わりにCokeを使う人がとても多いです。

3. 料理を注文する際にテーブル番号を聞かれる場合があります。バーカウンターに行く前に自分の番号を確認しておくのをお勧めします。

4. vodka and cranberry juice（ウオッカ＆クランベリージュース）というカクテルはとても人気があります。多くのパブはドリンクメニューがありませんが、バーテンダーはなんでも作ることができます。roundについては *p.*136を参照。

5. nachos（ナチョス）は人気のあるパブ料理です。トルティーヤチップスの上にチリコンカン、サルサ、チーズなどをトッピングした料理です。

6

Whose round is it?
次は誰の番？

It's my turn. What do you want to drink?
ぼくの番だね。飲み物は何がいいの？

7

Are you being served?
もうオーダーをお聞きしましたか。

Yes, I'm just waiting for my drink.
はい、ここで飲み物を待っているところです。

8

What cocktails do you have?
どんなカクテルがありますか。

Here's the cocktail list. Mojitos are the most popular at the moment.
カクテルメニューはこちらです。今はモヒートが最も人気のカクテルです。

9

What time does happy hour finish?
ハッピーアワーは何時に終わりますか。

In thirty minutes' time.
後30分で終わります。

10

Are you alright? Your face is a bit red.
大丈夫？　顔が少し赤いけど。

I'm fine. I'm just feeling a little tipsy!
平気。少し酔っぱらってきただけ！

Tips

6. It's my turn. は「私の番」という意味になります。イギリス人は一般的にバーカウンターに並ぶと自分と友達の飲み物を注文します。

7. バーテンダーはAre you being served?（サービスを受けていますか）という表現で客の順番を確認します。

8. at the moment は「今、最近」という意味になる表現です。

9. happy hour（飲み物が安くなる時間）は1時間で終わるわけではありませんので、この表現で確認することができます。

10. tipsyは「少し酔っぱらった」という意味になります。

ビターのパイントを頼みたい

以下はパブでのやり取りです。パブで注文する際の定番の流れを確認しましょう。

🔊 024

Staff: Hi. Are you being served?

Aki: Not yet.

Staff: What can I get you then, love?

Aki: I'll have a pint of bitter and a packet of cheese and onion crisps, please.

Staff: No problem. Here you are. Would you like anything else?

Aki: Can I look at the dinner menu?

Staff: Sure. Here you are. We serve food all day until 9pm.

Aki: Thanks.

Staff: Your drink and crisps will be £4.35. Would you like to order some food now too?

Aki: No, thanks. I'll just look at the menu first.

訳

店員：いらっしゃいませ。もうオーダーをお伺いしましたか。

アキ：いいえ、まだです。

店員：では、ご注文は何にしますか。

アキ：ビターのパイントを1つと、チーズとオニオン味のポテトチップスを1つください。

店員：かしこまりました。どうぞ。他にご注文はございますか。

アキ：ディナーのメニューを見てもいいですか。

店員：はい。どうぞ。夜の9時まではずっと料理を出しています。

アキ：ありがとう。

店員：飲み物とポテトチップスは4.35ポンドになります。今、料理をご注文なさいますか。

アキ：いいえ、まだいいです。先にメニューを見たいだけです。

Unit 6

Self-check

Unit 6に出てきた文中表現の復習です。以下の日本語の意味になるように英文を完成させてください。答えはページの下にあります。

....

① 今回は私がおごるよ。

( )( ) this one.

....

② まだ食べ物を出していますか。

Are you ( )( ) food?

....

③ 飲み物をこぼしてしまった。

( )( ) my drink.

....

④ 私がおごるよ！

It's ( )( )!

....

⑤ 新しい友達と楽しく1杯やっている。

I'm ( ) a ( ) with my new friends.

....

⑥ このパブの料理は安いのにおいしい。

The ( ) at this pub is cheap but ( ).

....

⑦ このパブは雰囲気が悪いね。もう行かないことにした。

This pub is ( ). I ( ) come here again.

....

⑧ このパブのレトロ感が大好きだ。

I love the ( ) ( ) of this pub.

....

⑨ 今ハッピーアワーだから友達とパブで遊んでいる！

It's happy hour, so I'm ( ) ( ) ( ) my friends at the pub!

....

⑩ このパブは冬には暖かくて居心地がいい！

This pub is so ( ) and ( ) in winter!

....

① I'll get　② still serving　③ I've spilt　④ my shout　⑤ enjoying / pint
⑥ grub / tasty　⑦ rough / won't　⑧ old-fashioned vibe　⑨ hanging out with
⑩ cozy / warm

Unit 7
ショッピング
shopping

ショッピングでくり返し使える定番表現や、習慣的に
行う行動表現を英語で言ってみよう！

🔊 025

1 Can I have a plastic bag, please?

レジ袋をもらえますか。

↪ 「レジ袋」は英語でplastic bagです。plastic bagの代わりに
carrier bagという言い方をする人もいます。

2 Is this item in the sale?

これはセール品ですか。

↪ 「商品」はitemという言い方をします。具体的に商品名を言って「セー
ルですか」と聞いても大丈夫です。

3 I'd like to try these on, please.

これらを試着してみたいと思います。

↪ try ... onは「〜を試着する」という意味になります。

4 Where are the changing rooms?

試着室はどこにありますか。

↪ 「試着室」は英語でchanging roomsまたはfitting roomsと言いま
す。

5 Do you have this in a different size?

これには他のサイズがありますか。

↪ different sizeの代わりに、具体的にlarger size（より大きいサイズ）
やsmaller size（より小さいサイズ）と言ってもいいでしょう。

6 I want to return this.

これを返品したいのです。

↳ returnは「返す」だけではなく、「返品する」という意味にもなります。

7 Where is the till?

レジはどこにありますか。

↳ 「レジ」はイギリス英語でtillになります。cash registerや
checkoutという言い方もあります。

8 That man pushed in the queue!

その男性は行列に割り込んだ！

↳ push in the queue / push in lineで「行列に割り込む」という意
味になります。一般的にイギリス人は行列を礼儀正しく守りますが、
誰かが列を間違えたらThe end of the queue is over there（行
列の最後はあそこですよ）というふうに婉曲的に指摘すればよいで
しょう。

9 Do you have this jumper in a different colour?

このセーターには違う色がありますか。

↳ 「セーター」はイギリス英語でjumperになります。アメリカ英語で
はsweaterです。

10 I don't need the hanger.

ハンガーは必要ありません。

↳ 店員にハンガーが欲しいかどうか聞かれた際に、この表現で答える
ことができます。

11 I won't buy this one.

これは買いません。

⤷ 試着室から出る際には、店員に商品を買うかどうか聞かれます。これは買わない商品を店員に返す際に使う表現です。

12 You need a pound coin for the trolley.

カートには1ポンド硬貨を入れる必要があります。

⤷ 「ショッピングカート」はイギリス英語でtrolleyになります。スーパーによってはカートを利用する際に1ポンドのコインを入れてカートを、取り出す必要がある店があります。

13 I don't need a receipt.

レシートは必要ありません。

⤷ 店員は客にレシートが必要かどうか確認します。その際この文で答えることができます。

14 This yoghurt is out of date.

このヨーグルトは賞味期限が過ぎていますよ。

⤷ 「賞味期限切れ」はbe out of dateという言い方になります。また、イギリス英語とアメリカ英語ではヨーグルトのスペルが異なります。イギリス英語はyoghurtですが、アメリカ英語ではyogurtです。

15 Are you in the queue?

ここに並んでいるんですか。

⤷ これは順番を待っている場面で、他の客に「あなたも並んでいるのか」と確認する際に使う表現です。

16 I'm just browsing, thank you.

見ているだけです。ありがとう。

⤷ browseは「ざっと見る」という意味になります。買うつもりのないときに使う表現です。

17 Where is the Asian food kept?

アジアの食品はどこに置いてありますか。

⤷ 多くのスーパーではAsian food（アジアの食品）を売っています。しかし、イギリスでAsianと言えば「インドの」というニュアンスになります。具体的にJapanese foodという表現を使った方がわかりやすいです。

18 Do you sell Japanese green tea?

日本の緑茶を売っていますか。

⤷ イギリスのスーパーでもgreen tea（緑茶）を売っていますが、ティーバッグは葉っぱの質が悪く、味が薄くておいしくありません。専門店で日本茶を買う方がいいでしょう。

19 I'm looking for the pasta.

パスタを探しています。

⤷ I'm looking for...（私は〜を探しています）はスーパーなどで商品を探している際に店員に対して使う表現です。

20 I'd like to get a member's point card.

メンバー・ポイントカードを作りたいと思います。

⤷ それぞれのスーパーは固有のポイントカードを作っています。ポイントカードがあるとメンバー限定の値段で商品を買うことができます。

ショッピングで使う **つぶやき表現36**

ショッピングの際にツイートできるフレーズを集めました。SNS で使えるハッシュタグも要チェック！

🔊 026

1 I hope all these new clothes fit in my wardrobe!

新しく買った服が全部クローゼットに収まるといいんだけど！

#haul #wardrobe

⤷ **haul** = 買ったもの
wardrobeはイギリス英語で「クローゼット」や「衣装戸棚」という意味になります。アメリカ英語ではclosetになります。wardrobeには「持っている洋服」という意味もあります。

2 I enjoyed a little "retail therapy" today.

今日は買い物をして幸せだった。

#retailtherapy

⤷ **retail therapy** = 買い物で気分をよくすること
多くの人は気分が悪いときでも好きなものを買うと元気になるでしょう。この現象には英語でretail therapyという少し皮肉を込めたニックネームがついています。直訳すると「小売店セラピー」です。

3 I love this independent boutique.

このインディーズなブティックが大好きだ。

#independentshop

⤷ **boutique** = ブティック、店
boutiqueはフランス語で「お店」という意味ですが、英語で外来語として使う場合は主に「小さくておしゃれな洋服屋」というニュアンスが加わります。なおイギリス英語での発音はブーティークです。

4 This supermarket sells packets of instant miso soup!

このスーパーはインスタント味噌汁を売っている！

#japanesefood #misosoup

⤷ **miso soup** = 味噌汁
最近イギリスのスーパーでもインスタントの味噌汁が販売されるようになっています。味噌ペーストは現在でもなかなか手に入れにくいのですが、インスタント味噌汁ならどの大きなスーパーでも買うことができます。

5 Shops in the UK close really early.

イギリスの店は早く閉まる。

#earlyclosing

⤷ **close early** = 早く閉まる
イギリスの店（洋服屋など）は一般的に夕方の5時半か6時くらいに閉まります。日曜日はもっと早く閉まります。大きなスーパーなどは「1994年日曜営業法」という法律上の規制で、日曜日には6時間しか開いていません。

6 Shops' opening hours on Sundays are really short! I didn't realise!

日曜日の店の営業時間がめちゃくちゃ短い！　知らなかった！

#Sundays

⤷ **realise** = 気づく、知る、実感する
realiseはイギリス英語のスペルです。アメリカ英語ではrealizeになります。

7

There are so many ethnic supermarkets near where I live. The selection of veg is amazing!

私が住んでいる場所の近くにはエスニック・スーパーがたくさんある。野菜の種類がすごい！

#london #ethnicsupermarket

ethnic = 民族の
国際スーパーはよくethnic supermarketと言われます。ethnic foodは「民族（特有の）料理」という意味です。vegはvegetableの省略形です。

8

I'm going shopping for a party outfit today.

今日はパーティー用の衣装を探しにいく。

#party #goingout #ootd

outfit = 一揃いの洋服、コーデ
outfitは「コーデ」という意味になります。つまり、一式すべて完成したセットアップということです。SNSで#ootdというハッシュタグがよく使われています。これはoutfit of the day（今日のコーデ）という意味です。

9

I found this gorgeous going-out dress in the sale.

この素敵なパーティードレスをセールで見つけた。

#partydress

going-out dress = お出かけ用のワンピース
going-out...は「お出かけ用の〜」という意味になります。なお、going outは「パーティーやバー、クラブに行くこと」というニュアンスを持つ表現です。going-out shoesやgoing-out top、going-out jacketなどの表現もあります。

10 I bought these trousers today but they don't fit properly, so I have to take them back.

今日はこのズボンを買ったけど、サイズが合わないので返品しないといけない。

#cutetrousers #wrongsize

↳ **trousers** = ズボン、パンツ

イギリス英語でズボンはtrousersになります（ただしtrousersはメンズのみ。男女両方を表す場合はslacks）。アメリカ英語ではpantsです。「2本のズボン」two pairs of trousersと表します。

11 Oh no! My favourite clothes shop has gone bust!

残念！　お気に入りの洋服屋がつぶれてしまった。

#sad #closeddown

↳ **go bust** = つぶれる、閉店する

go bustは「（会社が）つぶれる」という意味になります。clothesは発音しづらいですが、カタカナの「クローズ」に近いです。しかし、thをしっかり発音する必要があります。

12 The service in this shop is wonderful.

この店のサービスはとてもいい。

#goodservice

↳ **shop** = 店

イギリス人はお店をshopと呼ぶ傾向があります。アメリカ英語ではstoreを使った方が自然です。

13 I bought this top online yesterday and it got delivered today. So fast!

このトップスは昨日オンラインで買ったんだけど、今日届いた。
早い！

#fast #onlineshopping

→ **top** = トップス
女性のTシャツ、シャツ、などのトップスは英語でtopと言います。
しかし、男性はこの表現をあまり使いません。代わりに具体的に服
の名前を言う傾向があります。

14 These trainers were 50% off in the sale! What a bargain!

このスニーカーはセールで50%割引きだった！　すごいバーゲ
ンでしょう！

#bargain #sale #newtrainers

→ **trainers** = スニーカー
スニーカーには、国ごとに違う単語が用いられています。イギリス
人はスニーカーをtrainersと言います。アメリカ人はsneakersを
使い、オーストラリア人はrunnersまたはrunning shoesという
言い方をします。

15 I spent far too much at the shops today. But look what I got!

今日は買い物でお金を使い過ぎちゃった。でも、買ったものを
見て！

#shoppingaddict

→ **spend** = 費やす
spendという動詞は「費やす」という意味になります。spender
という名詞もあり、これは「お金をたくさん使う人」という意味です。

16 I bought these earrings as a present, but now I want some for myself!

このピアスはプレゼント用に買ったけど、自分も欲しくなった！

#cuteearrings

earrings = ピアス、イヤリング

日本語のピアスは英語のpierceから来ていますが、pierceは動詞で「突き刺す」という意味です。日本で言うピアス（やイヤリング）は正しい英語ではearringsになります。

17 This bag was expensive, but I love this brand! It's a new British designer.

このカバンは高かったけど、このブランドが大好き！　新しいイギリス人のデザイナーのものなの。

#britishdesigner #designerbag

expensive = 高い、高価

「値段が高い」は英語でexpensiveになりますが、お年寄りのイギリス人はdearという表現もよく使います。他に、priceyやcostlyという言い方もあります。

18 British supermarkets only sell small bags of rice.

イギリスのスーパーはお米を小さい袋でしか売っていない。

#rice

rice = 米、ご飯

イギリスのスーパーは一般的にlong grain rice（長粒米）しか売っていません。最近ではsushi rice(寿司用の米)を売っているスーパーもあります。日本のご飯に最も近いのはイタリアのarborio rice。短粒の米なので炊飯器で炊くと日本のご飯に近い食感です。

19 I bought some souvenirs of London for my family back in Japan.

日本にいる家族のためにロンドンのお土産を買った。

#souvenirs

↳ **souvenir** = お土産
お土産は英語でsouvenirと言います。お土産を売っているお店は souvenir shopと言います。

20 These chocolates are so nice! I'm going to buy some more to take home to Japan!

このチョコレートはめちゃくちゃおいしい！　日本に持って帰るためにもっと買う予定！

#delicious #britishsweets

↳ **chocolate** = チョコレート
イギリス料理は日本ではあまりイメージがよくないようですが、イギリスのスイーツはとてもおいしいのでよいお土産になります。

21 Look at my outfit of the day! These are all clothes I bought yesterday.

今日のコーデを見て！　全部昨日買った洋服なの。

#ootd

↳ **outfit of the day (ootd)** = 今日のコーデ
ootdというハッシュタグは英語圏のSNSでよく使われています。「今日のコーデ」を紹介する際に使うハッシュタグです。最近、fit checkという表現も流行っています。fitはoutfitの省略形です。

22 Fruit in the UK is much cheaper than in Japan.

イギリスの果物は日本よりだいぶ安い。

#fruit

↪ **fruit** = 果物

一般的にイギリスの物価は日本より高いのですが、「果物」と「野菜」に関してはイギリスの方が安いです。特に夏のイチゴやラズベリーは安いばかりでなく、1つの商品の量がとても多いです。

23 I saw this skirt today and I had to buy it!

今日このスカートを見て、もう買うしかなかったんだ！

#impulsebuy

↪ **impulse buy** = 衝動買い

よく考えずに衝動的に物を買うことを英語でimpulse buyと言います。またsplurge（発音：スプラージュ）という動詞もあります。これは「贅沢をする」という意味になります。

24 I regret not trying these trousers on. They're far too big!

このズボンを試着しないで買ったんだけど、後悔している。デカ過ぎ！

#trybeforeyoubuy

↪ **try ... on** = ～を試着する

try ... onという句動詞は「～を試着する」という意味になります。文の中で使うとき、目的語はtryとonの間に置きます。

25

I wish we had this clothes shop in Japan. The designs are so cute!

この服屋が日本にもあるといいな。デザインがめちゃくちゃかわいいのよ。

#cuteclothes

wish = 〜を望む、〜を願う
「〜があるといいのにね」という気持ちを表す際にwishという動詞を使います。そして、wishはよく「仮定法過去」をともないます。例えば、I wish I could speak English(英語が話せたらいいのにね)などで、事実とは違う願望を表します。

26

Don't go shopping in central London just before Christmas. It's so crowded!

クリスマスの直前にロンドンの中心へ買い物に行かない方がいい。とても混んでいるから！

#crowded #christmasshopping

Christmas shopping = クリスマスのための買い物
クリスマスはイギリスで最も重要な祝日です。日本のお正月と同じように、あれこれ準備が必要です。食べ物、飲み物、プレゼントなどをクリスマス前に買っておく必要があるからです。そのため、クリスマス直前のモールや商店街はとても混んでいます。

27

This shopping street is so crowded but the Christmas lights are beautiful.

この商店街はめちゃくちゃ混んでいるけど、クリスマスのイルミネーションはキレイ。

#christmaslights

Christmas lights = クリスマスのイルミネーション
イギリスのどの町でもクリスマスツリーやイルミネーションを飾り付ける習慣があります。芸能人が呼ばれ、町のクリスマス・イルミネーションを最初に付けてもらうこともあります。

28 I'm shopping for a birthday present for my mum. What should I buy her?

母に誕生日プレゼントをしようと買い物に行った。何を買ってあげようかな。

#birthdaypresent

↳ **mum** = お母さん、ママ

イギリス人は母親をmumと呼びます。アメリカ英語ではmomというスペルになります。イギリスでは地方によってmamやmomというスペルも用いますが、mumが最も一般的です。

29 The queue outside this shop is insane! People are waiting for the sale to start.

このお店の前の行列はすごい！　みんなバーゲンセールが始まるのを待っている。

#sale

↳ **insane** = 狂おしい、やばい

insaneはもともと「精神障害の」という意味でしたが、現在の日常会話では「やばい、狂ってる」という意味になります。例えばThe queue is insaneは「行列がやばい長さだ」という意味です。

30 I'm looking forward to the New Year sales!

新年のバーゲンセールを楽しみにしています！

#newyearsales

↳ **look forward to...** = ～を楽しみにする

何かを楽しみにしている際にI'm looking forward to...という表現を用います。他にはI'm excited about...（～にワクワクしている）という言い方をすることもできます。

31

Where is the best place to buy a formal suit?

フォーマルなスーツを買うのに一番いい店はどこですか。

#suit

→ **suit** = スーツ

英語のsuitと日本語の「スーツ」はほぼ同じものですが、発音には気を付けましょう。日本語の発音では複数形のように聞こえてしまいますので、はっきり「スート」と言うようにしましょう。

32

I'm going to the designer outlet today. Which shops should I check out?

今日はデザイナー・アウトレットモールに行くんだ。どの店を見たらいい？

#designeroutlet

→ **check out** = チェックする、見る

check out... / check ... outは「チェックする、見る」という意味になります。この表現はカジュアルな英会話によく出てきます。ホテルのcheck outとは違う意味になるので注意しましょう。

33

Look what I bought at the designer outlet! This purse was 50% off!

今日デザイナー・アウトレットモールで買ったものを見てごらん！ この財布は50％割引きで買えた！

#bargain #cutepurse

→ **purse** = 女性用の財布

イギリス英語でpurseは「女性用の財布」という意味になります。男性用の財布はwalletです。アメリカ英語では両方ともwalletと言い、purseは「女性用のバッグ」という意味になります。

34 I had an amazing day today – shopping and lunch with my new friends!

今日はめちゃくちゃ楽しい1日を過ごした。新しい友達と買い物をしてランチを食べた。

#friendship #shopping

amazing = 素晴らしい

アメリカ英語で「素晴らしい」はawesomeになりますが、イギリス人はamazingやfantasticという形容詞を使う傾向があります。どれも同じように「素晴らしい、すごい」という意味になる口語です。

35 This is my new favourite shop! I love the watches and accessories they sell here.

ここは私の新しいお気に入りのお店！　ここで売っている時計とアクセサリーが大好き。

#favouriteshop

accessory = アクセサリー

ベルト、髪飾り、時計、帽子などの服飾品は英語でもaccessoryと言います。しかし、金や銀の宝飾品はイギリス英語ではjewelleryになります。アメリカ英語のスペルはjewelryです。

36 I didn't have a pound coin for the trolley so I had to carry all my shopping in a basket. I'm so tired.

ショッピングカート用の1ポンド硬貨がなくて、買い物を全部カゴで持ち歩かなくちゃいけなかった。とても疲れた。

#supermarket #trolley

basket = かご

スーパーなどの店用のかごは英語でshopping basketやbasketと言います。最近では、カートのように車輪がついている大型のかごも見受けられます。trolleyについては*p.*160を参照。

ここでは、ショッピングでのやり取りとして想定される
一往復の短い会話をまとめました。

🔊 027

1

Excuse me. Where are the tills?
すみません。レジはどこにありますか。

The tills are just over there
by the door.
あそこのドアの近くにあります。

2

Hi. Are you alright there? Do you
need any help?
いらっしゃいませ。大丈夫ですか。何かお探しですか。

No, thank you. I'm just looking.
いいえ、大丈夫です。見ているだけなんで。

3

Hi. I'd like to try these clothes on.
こんにちは。これらを試着したいんですが。

No problem. I'll show you to the changing
rooms.
かしこまりました。試着室にご案内いたします。

4 How were the clothes you tried on?
試着した洋服はいかがでしたか。

This was too big, but I'll take this one.
これは大き過ぎるので、こっちの方を買いたいと思います。

5 Do you have our store app? You can get 10% off today's purchase if you download it now.
このお店のアプリはありますか。今ダウンロードすれば今日の買い物が10%割引きになりますよ。

No, I don't. I'll download it later.
いいえ、アプリないんです。後でダウンロードします。

Tips

1. イギリス人は会話でtills（レジ）と言いますが、セルフレジはself checkoutになります。

2. Are you alright there?は店員が客に話しかける際によく使う表現です。

3. I'll show you to ...は「〜にご案内いたします」という意味になる表現です。

4. too ＋ 形容詞は「〜過ぎる」という意味になります。洋服屋ではtoo bigやtoo small、too tight（きつ過ぎる）、too baggy（ゆる過ぎる）などの表現を使うことができます。

5. app（アプリ）はapplicationの省略形です。多くのお店はアプリを通して客に割引やクーポンを提供しています。

6 I'll pay by credit card.
クレジットカードで支払います。

No problem. Just insert your card into the machine.
かしこまりました。機械にカードを差し込んでください。

7 I'd like to return these trousers. They don't fit me properly.
このズボンを返品したいんですが。サイズがちゃんと合っていないからです。

That's fine. Can I have your receipt, please?
はい、かしこまりました。お客様のレシートを出していただけますでしょうか。

8 Do you have this pink jumper in a smaller size?
このピンク色のセーターでもっと小さいサイズがありますか。

I'm afraid these sizes are all we have in stock.
申し訳ございませんが、こちらのサイズしか在庫がありません。

9

I'm looking for a dress to wear to my friend's wedding.

友達の結婚式で着られるワンピースを探しているんだけど。

I see. I think this dress would look lovely on you.

かしこまりました。このワンピースはとてもお似合いだと思いますよ。

10

Do you sell work suits here?

ここで仕事用のスーツを売っていますか。

Yes, we sell ladies' office wear here.

はい、ここでは婦人の仕事用の服を売っています。

Tips

6. insert（入れる）の代わりにpop（素早く～をする）という動詞を使う店員も多いです。

7. don't fitは「サイズが合わない」という意味になります。

8. I'm afraid...は「残念ですが、申し訳ない」という気持ちを表す表現です。

9. 「ワンピース」は英語でdressと言います。one pieceという英語は主に女性用の水着という意味で使われています。

10. work suitsやwork wear、office wearは「仕事用のフォーマルな服」という意味になります。

ワンピースが買いたい！

以下はブティックでのやり取りです。洋服の種類や色、
サイズなどを指定する流れを確認しましょう。

🔊 028

Staff: Hello. Are you alright there?

Aki: Hi. I'm looking for this dress in a size 8.

Staff: Let me just check the stock. I'll be back in one moment.

Aki: Thank you.

Staff: We have both the blue and pink in size 8. Would you like to try them on?

Aki: Yes, please. I'd like to try these trousers on, too.

Staff: I'll show you to the changing rooms. How many items is that?

Aki: I've got three. These two dresses and a pair of trousers.

Staff: How were they?

Aki: Great! I'll take the pink dress and the trousers.

訳

店員：いらっしゃいませ。何かお探しですか。

アキ：ええ。このワンピースのサイズ8を探しているんですが。

店員：在庫を確認させていただきます。すぐに戻りますので。

アキ：ありがとうございます。

店員：青色とピンク色のサイズ8は両方ともございます。試着なさいますか。

アキ：はい、お願いします。このズボンも試着したいと思います。

店員：試着室にご案内いたします。服は何枚お持ちこみですか。

アキ：3枚あります。ワンピースが2つ、ズボンが1つです。

店員：（しばらくして）いかがでしたか。

アキ：いい感じです。ピンク色のワンピースとズボンをください。

Self-check

Unit 7に出てきた文中表現の復習です。以下の日本語の意味になるように英文を完成させてください。答えはページの下にあります。

① これらを試着してみたいと思います。

I'd like to (　　) these (　), please.

② その男性は行列に割り込んだ！

That man (　　　) in the (　　　)!

③ このヨーグルトは賞味期限が過ぎていますよ。

This yoghurt is (　　)(　)(　　).

④ 見ているだけです。ありがとう。

I'm (　　)(　　　　), thank you.

⑤ 今日はパーティー用の衣装を探しにいく。

I'm going (　　　　) for a party (　　　) today.

⑥ この素敵なパーティードレスをセールで見つけた。

I found this gorgeous (　　　　) (　　　) in the sale.

⑦ 今日のコーデを見て！　全部昨日買った洋服なの。

Look at my (　　　)(　)(　)(　　)! These are all clothes I bought yesterday.

⑧ 今日このスカートを見て、もう買うしかなかったんだ！

I saw this skirt today and I (　)(　) buy it!

⑨ この服屋が日本にもあるといいな。デザインがめちゃくちゃかわいいのよ。

I (　) we (　) this clothes shop in Japan. The designs are so cute!

⑩ 今日はデザイナー・アウトレットモールに行くんだ。どの店を見たらいい？

I'm going to the designer outlet today. Which shops should I (　　) (　　)?

① try / on ② pushed / queue ③ out of date ④ just browsing ⑤ shopping / outfit ⑥ going-out dress ⑦ outfit of the day ⑧ had to ⑨ wish / had ⑩ check out

Unit 8
ランチタイム
lunchtime

ランチタイムで使う **定番表現**20

ランチタイムでくり返し使える定番表現や、習慣的に行う行動表現を英語で言ってみよう！

🔊 029

1 Let's have lunch in the park today.

今日の昼食は公園で食べよう。

↪ 「昼食をとる」はhave lunchまたはeat lunchになります。

2 There's a shop near here where we can buy sandwiches.

この近くにサンドイッチを買える店がある。

↪ お弁当や温かい食べ物はあまり売っていないので、公園でランチを食べる際にはサンドイッチにすることが多いです。

3 That bench over there is free.

あそこのベンチが空いているよ。

↪ freeは「空いている、誰も座っていない」という意味になります。

4 I brought a picnic blanket (picnic sheet).

私はレジャーシートを持ってきた。

↪ 日本語の「レジャーシート」は英語では通じませんので、picnic blanket / sheetという表現を使います。

5 Let's sit in the shade.

日陰に座ろう。

↪ shadeは「日陰」という意味になります。shadowは人などの「影」なので区別しましょう。

6 There's a nice spot in the shade of the trees.

木陰によいスポットがある。

> spotの代わりにplaceを使うこともできます。

7 There's a bin over there next to the bench.

あそこのベンチのそばにゴミ箱がある。

> binはイギリス英語で「ゴミ箱」という意味になります。
> アメリカ英語ではtrash canやgarbage canです。

8 Be careful! There are lots of wasps near the bin!

気を付けて！　ゴミ箱の近くにハチがたくさんいるから！

> waspはイギリスの夏に数多く出てくる「スズメバチ」です。
> ゴミ箱の中の甘い物を狙い、人を刺す可能性がありますの
> で気を付けましょう。

9 That sandwich looks nice! What's in it?

そのサンドイッチ、おいしそう！　何が入っているの。

> look niceやlook deliciousは「おいしそう」なものを見
> たときに使う表現です。

10 Oh look! There's a squirrel!

あっ、見て！　リスだ！

> イギリスの公園には「リス」がたくさんいます。人に慣れ
> ているので近づいてくる場合があります。

11 Would anyone like some crisps?

ポテトチップスを食べる人いる？

> crispsは「ポテトチップス」です。アメリカ英語では chipsになりますが、chipsはイギリス英語では「フライ ドポテト」という意味になります。

12 What flavour are these crisps?

このポテトチップスは何味？

> flavour（味）はイギリス英語のスペルです。アメリカ英語 ではflavorになります。

13 What time do we have to go back to school / work?

何時に学校／職場に戻るべきだろう。

> have to... は「～しなければならない」という意味になる イディオムです。

14 It's getting cloudy. I hope it doesn't start raining.

曇ってきたね。雨が降らないといいけど。

> get cloudyは「曇る」という意味になります。get cold（寒 くなる）やget hot（暑くなる）などの表現もあります。

15 There are ants on the picnic blanket.

レジャーシートにアリがのっている。

> antは「アリ」です。イギリスのアリは一般的に人を咬み ません。

16 Are there any toilets in this park?

この公園にトイレはある？

⤷ イギリスの公園には「トイレ」がない場合があります。有料のトイレも多いです。

17 Let's walk around the pond.

池の周りを歩こう。

⤷ pondは「池」です。「大きな池や湖」はlakeと言います。

18 We need to go back soon.

そろそろ戻らないといけないですね。

⤷ go backはreturn（戻る）よりカジュアルで自然な会話で使われます。

19 Let's take a photo of ourselves.

みんなで写真を撮ろう。

⤷ photo of ourselvesの代わりに、selfie（自撮りの写真、セルフィー）を使ってtake a selfie（自撮りをする）と言うこともできます。

20 This is my favourite park in London.

ここはロンドンで一番好きな公園だ。

⤷ my favourite parkで「私の一番好きな公園」という意味になります。I like this park the best.（私はこの公園が一番好きだ）という言い方をすることもできます。

Tweet

ランチタイムで使う つぶやき表現36

ランチタイムの際にツイートできるフレーズを集めました。SNSで使えるハッシュタグも要チェック！

🔊 030

1 Just having lunch in the park!

ちょうど公園でランチを食べている！

#parklife

⌐ **just** = なお、ちょうど（今）、〜だけ、したところ
SNSで「今やっていること」を投稿する際にjust（ちょうど、なお）という単語で表すことができます。動詞の前に置く副詞です。

2 This is a perfect park for a picnic.

この公園はピクニックにちょうどいい。

#picnic

⌐ **perfect** = 完璧な、ぴったりの、ちょうどよい
perfectは「完璧」だけではなく、「ぴったり」、「ちょうどよい」というニュアンスもあります。そのためa perfect A for Bという表現を使うことができます。例えば、a perfect day for hikingやa perfect place for lunchなどの句を作ることができます。

3 Look at the view from the top of this hill!

この坂の上からの景色を見てください！

#beautifulscenery

⌐ **hill** = 坂、小山
hillとmountainの違いは微妙ですが、一般的にmountain（山）は300m以上の高さで、山頂が尖っています。逆に、hill（坂、小山）は300m以下の高さでmountainよりなだらかな形をしていると考えられています。

4 I'm enjoying the view of London while eating my sandwich in the park.

公園でサンドイッチを食べながらロンドンの景色を楽しんでいる。

#london

⤷ **while ...ing** = 〜をしながら

while ...ingは「〜をしながら」という意味になります。while eating（食べながら）はwhile I was eatingの省略形です。文脈で主語がわかるので主語を省くことができます。

5 Having the best time in the park with my friends.

公園で友達と最高の時間を過ごしている。

#friendship

⤷ **best time** = 最高によい時間

「最高の時間」と言う際a great timeの方が文法的に正しいですが、日常会話ではthe best timeという表現もよく使われています。例えば、We had the best time in London yesterday. （私たちは昨日ロンドンで最高に良い時間を過ごした）というふうに使います。

6 Look at all this food!

この大量の食べ物を見て！

#picnic

⤷ **all this...** = こんな〜の

量などを強調するときにall this＋名詞という表現を使います。例えば、I can't concentrate with all this noise. は「こんな騒音の中では集中できません」という意味になります。複数形の場合はall these＋名詞になります。

7 This squirrel wants to share our lunch!

このリスは私たちのランチを一緒に食べたいみたい！

#squirrel

↳ **share** = 一緒に食べる、共有する
この例文でshareは動詞です。「一緒に食べる、共有する」という
ニュアンスになります。友達と食べ物を分けて食べる際にはLet's
share.（一緒に食べましょう）と表現することができます。

8 As soon as we sat down to eat, we were
surrounded by 20 pigeons!

食べようと座った瞬間、20羽の鳩に囲まれてしまった！

#londonpigeons

↳ **as soon as** = 〜するとすぐに、した途端
「その後何かがすぐに起きた」ということを表すためにas soon
asを使います。代わりにthe moment that...という表現も使うこ
ともできます。例えば、The moment we sat down to eat, we
were surrounded by 20 pigeonsは例文と同じ意味になります。

9 This park is so peaceful.

ここはとっても静かな公園だ。

#peaceful

↳ **peaceful** = 平和的な、静かな
peacefulという形容詞は「平和的」という意味になりますが、「静
かな」、「落ち着いている」というニュアンスもあります。ですから、
静かで落ち着いている「公園」をpeacefulと表すことができます。

10 This park has deer! It reminds me of Nara.

この公園にはシカがいる！　奈良を思い出すね。

#deer

⌐→ **deer** = シカ

ロンドンのRichmond Parkには630頭の野生のシカが住んでいます。しかし、奈良公園のシカと違って、Richmond Parkのシカは人間に近づきません。deerは単数形も複数形も同じdeerです。

11 Which park in London is best for a picnic?

ロンドンでピクニックに向いている公園はどこですか。

#londonparks

⌐→ **picnic** = ピクニック

日本語の「ピクニック」は英語から来たと思われがちですが、実は、もとはフランス語だそうです。フランス語のpique-niqueは「小さい物を取る」という意味になります。つまり「小ぶりな食べ物をあれこれと適当に取って食べる」というイメージから来た外来語です。

12 We went on a boat on the Serpentine today! It was so much fun!

今日はサーペンタインの船に乗った！　めちゃくちゃ楽しかった！

#boat #serpentine

⌐→ **the Serpentine** = ハイド・パークにある池

Serpentineはロンドンのハイド・パーク内にある池の名前です。serpent（＝蛇）という単語が由来です。蛇のように細長い形の池だからです。船を借りて楽しく遊べます。

13 We fed the ducks in the park at lunchtime.

昼食時間にカモに餌をあげた。

#ducks

> **feed** = 餌をあげる
> to feed the ducks（カモに餌をあげること）はイギリス人の子供の好きな遊びです。昔、ロンドンの中心にあるTrafalgar Squareで観光客がハトに餌をあげる習慣がありましたが、現在、Don't feed the pigeons.（ハトに餌をあげないで）というメッセージがロンドン中に書かれています。

14 Playgrounds are not just for children!
I enjoyed the swings and slide today!

公園の遊び場は子供だけの場所じゃない！　今日はブランコと滑り台で遊んだ！

#fun #playground

> **playground** = 公園の遊び場
> 「遊具のある公園の遊び場」は、英語でplaygroundと言います。slide（滑り台）とswing（ブランコ）以外にもclimbing frame（ジャングルジム）、roundabout（回転遊具）、seesaw（シーソー）、sandpit（砂場）などがあります。

15 I should have checked the weather forecast
before planning a picnic in the park.

公園でのピクニックを計画する前に天気予報を確認するべきだった。　#rain

> **should have...** = ～をした方が良かったのに
> 後悔の気持ちを表す際にはshould have＋過去分詞という形を使います。これは「～をした方がよかったのに、するべきだった」という意味になります。例えば、I should have studied harder.（もっと勉強しておくべきだった）。

16 I visited the rose garden in Hyde Park for the first time today. So beautiful!

今日初めてハイド・パークのローズ・ガーデンを訪れた。めちゃくちゃキレイだった！

#hydepark #rosegarden

↪ **rose** = バラ

roseはもちろん「バラ」ですが、この花はいろいろなイディオムや比喩表現に使われます。例えば、「イギリス美人」はEnglish roseと呼ばれます。 a bed of rosesは「安楽な生活」という意味になるイディオムです。

17 This butterfly landed on my bag. Do you know what species it is?

このチョウが私のカバンに止まったんだけど。どんな種類か知ってる？

#butterfly

↪ **species** = 種（生物学）

speciesは「種」という意味の生物学用語ですが、代わりにkindやtype（種類）という言い方をすることもできます。犬の種類について話す際にはspeciesではなくbreedという名詞を使います。

18 I grabbed a coffee and a sandwich in my local park this lunchtime. Very relaxing!

今日は近所の公園でコーヒーを飲みサンドイッチを食べた。とってもゆっくりできた。　#parklife

↪ **grab** = 素早く食べる、飲む

grabは一般的に「掴む」という意味ですが、食べ物や飲み物の場合は「素早く食べる、飲む」という意味になります。例えば、友達とその辺に飲みに行く際にはLet's grab a beer.（ビールでも飲もう）と表現することができます。

19

I got chased by these geese today!
Why are they so aggressive?!

今日はこのガチョウたちに追いかけられた！　なんでそんなに
アグレッシブなの?!

#geese

> **goose** = ガチョウ
> イギリスの公園や川近ではよくガチョウを見かけます。ガチョウは
> 攻撃的な場合がありますので、あまり近づかない方がいいでしょう。
> 単数形はgooseで、複数形はgeeseになります。

20

Look at these adorable ducklings! So cute!

この愛らしい子ガモたちを見て！　かわいすぎ！

#ducklings

> **duckling** = アヒルの子、子ガモ
> 英語では、動物の赤ちゃんはいろいろな変わった言い方をします。
> 「子ガモ」はducklingになりますが、「ガチョウの赤ちゃん」は
> goslingで、「鳥のヒナ」はchickです。正しい言い方を忘れた場合
> にはbaby duckなどの言い方ですませることもできます。

21

I've never seen so many swans!
There's one black swan, too!

こんなに多くの白鳥を見たことない！　黒いのもいる！

#swans

> **swan** = 白鳥
> 「白鳥」はイギリスの公園でよく見る鳥です。かなり大きくて強い
> ので近づかない方がよいでしょう。「白鳥のヒナ」はcygnet（発音：
> セィグネット）と言います。たまには黒い白鳥がいます。black
> swanと言います。

22 I went to Kew Gardens today to see the cherry blossoms. It reminds me of Japan!

今日は桜を見にキュー・ガーデンに行った。日本を思い出したよ!

#sakura #hanami

> **cherry blossom** = 桜の花
> cherry blossom は「桜の花」という意味になります。blossom は「花」という意味ですが、主に「木の花」「実のなる花」というニュアンスの単語です。blossom は名詞だけではなく、動詞としても使うことができ、その場合は「咲く」という意味になります。キュー・ガーデンはロンドンにある植物園です。

23 Did you know there's a Japanese garden in Holland Park, London? It's called Kyoto Garden.

ロンドンのホランド・パークに日本庭園があるのをご存じでしたか。京都ガーデンと言います。

#japanesegarden

> **Japanese garden** = 日本庭園
> 日本庭園はイギリスで非常に人気です。ロンドンの Holland Park や Kew Gardens にも日本庭園がありますが、ヨーロッパで最も素敵と言える日本庭園はチェシャー州の Tatton Park にあります。

24 I spent my lunch break walking around the streets admiring the wisteria.

街路を歩き回り、藤の花を愛でて昼休みを過ごした。

#wisteria

> **wisteria** = 藤
> 「藤」を見るためにロンドンにわざわざ出かけるイギリス人が数多くいます。藤が咲く季節は4月～5月です。Kensington というエリアを歩き回ると美しい藤をたくさん見ることができます。

ランチタイムで使う つぶやき表現36 030

25 I ate some blackberries I found in the park.
Delicious!

公園で見つけたブラックベリーを食べた。おいしかった！

#blackberrypicking

↪ **blackberry** = ブラックベリー、黒イチゴ
blackberryはイギリスでとても人気のあるベリーで、8月くらいか
らとれ始めます。「ブラックベリー」とリンゴでできたパイはとて
も人気のあるデザートです。

26 I met this gorgeous dog in the park today.

今日は公園でこの素敵なワンちゃんと会った。

#cutedog

↪ **gorgeous** = 美しい、素敵な
日本語の「ゴージャス」は「豪華」というニュアンスをもっていま
すが、イギリス英語のgorgeousは人や動物の見た目に対して使う
誉め言葉です。例えば、女の子の友達が素敵なドレスを着ていたら、
You look gorgous!（とてもキレイだよ！）と言ってほめることが
できます。

27 I'm eating supermarket sushi in the park
for lunch. It's not bad.

今日お昼ご飯は公園でスーパーの寿司を食べている。悪くない。

#sushi

↪ **supermarket sushi** = スーパーで売っている寿司
ほとんどのイギリスのスーパーでは寿司のお弁当を売っています。
日本のスーパーほどおいしくありませんが、サンドイッチに飽きて
しまったときにはスーパーの寿司も悪くありません。

28 I found a great sandwich shop near my language school. The queues are long but it's worth it!

語学学校の近くにいいサンドイッチ屋を見つけた。行列が長いけれど、待つ価値がある！

#sandwiches

→ **be worth it** = それだけの価値がある

worthという単語は「価値ある」という意味ですが、会話の中でbe worth it（それだけの価値がある）やbe worth ...ing（〜をする価値がある）という表現がよく使われています。例えば、worth buyingは「買う価値がある」という意味になります。

29 I've decided to take a stroll in the park every lunchtime for exercise. I lost two kilograms last week!

私は毎日、昼休みに運動するために公園で散歩することにした。先週は2キロやせた！

#stroll

→ **stroll** = 散歩

strollとwalkは両方とも「散歩」という意味になりますが、strollには「ゆっくり歩く」というニュアンスがあります。名詞だけでなく、動詞にもなります。

30 I sit on this bench in the park every day and watch the birds.

毎日この公園のベンチに座って鳥を観察している。

#birdwatching

→ **sit** = 座る

例文は、習慣的にしていることを述べているので、現在形のI sitを使います。今だけしている行動を述べる場合には、現在進行形のI'm sitting（今、座っている）という表現を使います。

31 My friends and I hired bikes in Richmond Park yesterday. We had such a fun time!

昨日、友達と私はリッチモンド・パークで自転車を借りた。めちゃくちゃ楽しい時間を過ごした！

#bikehire #richmondpark

↪ **hire** =（お金を出して）借りる
イギリス人は何かを「借りる」際にhireという動詞を使います。例えば、「車を借りる」場合はhire a carという表現を使います。「レンタカーを利用する」はイギリス英語ではhire carになります。アメリカ英語ではhireは「人を雇う」というニュアンスになります。そのため、アメリカ英語で「借りる」という場合はrentを使います。

32 Our language school had a game of cricket in the park today. I still don't understand the rules, but it was a lot of fun!

私たちの語学学校は今日公園でクリケットをした。まだルールがわからないけれど、めちゃくちゃ楽しかった！　#cricket

↪ **cricket** = クリケット
cricketはバットとボールで遊ぶスポーツです。イギリスとイギリスの元植民地の国々（インド、オーストラリア、ジャマイカなど）でとても人気があります。夏のスポーツなので、夏にイギリスに行くと「公園でクリケットをしている」人をよく目にします。

33 I played rounders in the park for the first time today. It's a bit like baseball, but you hold the bat with one hand!

今日は公園で初めてラウンダーズをした。野球に少し似ているが、バットを片手で持つ！　#rounders

↪ **rounders** = ラウンダーズ
roundersはイギリスの学校の体育の授業でよくするスポーツで、ソフトボールのようにボールを投げて打つゲームです。プロチームはありませんが、友達と公園で気軽に行えるアクティビティです。

34 There are lots of outdoor swimming pools in London. Today I swam at Brockwell Lido. It's so nice to swim outside on a hot day.

ロンドンには室外プールがたくさんある。今日はブロックウェル・リドで泳いだ。暑い日に室外プールで泳ぐのは最高。

#outdoorpool

⤷ **lido** = 室外プール

lido（発音：リード）はもともとイタリア語で「海岸」という意味の単語ですが、現在のイギリス英語では「室外プール」という意味になります。多くのイギリスの室外プールの名前は○○Lidoと呼ばれます。アメリカ英語ではあまり使わいない単語です。

35 I got sunburnt sitting in the park at lunchtime today!

今日お昼休みに公園に座ってたら日焼けしちゃった！

#sunburn

⤷ **get sunburnt** = 日焼けする

「日に当たって肌がよい色になる」は英語でget tannedですが、「日に当たり過ぎて肌が赤くなる」となるとget sunburntと言います。アメリカ英語ではsunburnedというスペルになります。日焼けを避けるためにはsunscreen / suntan lotion（日焼け止め）の使用がお勧めです！

36 Everyone is sunbathing in the park today!

今日はみんな公園で日光浴をしている！

#sunbathing

⤷ **sunbathe** = 日光浴をする

イギリス人は肌が白いのでsunbathing（日光浴をすること）が大好きです。夏の晴れている日に公園に行くと、芝生の上に横になってtanning（日焼け）しようとしているイギリス人を多く見かけます。

ランチタイムで使う 会話表現 **10**

ここでは、ランチタイムでのやり取りとして想定される
一往復の短い会話をまとめました。

🔊 031

1

What shall we do for lunch?
ランチはどうしようか。

Let's have a picnic in the park.
公園にピクニックに行こうよ。

2

Is there anywhere near here where
I can buy food?
この近くに食べ物を買えるお店はある？

There's a good sandwich shop across
the road.
道路の反対側においしいサンドイッチ屋があるよ。

3

You're eating sushi! Where did you buy it?
寿司を食べているね！　どこで買ったの？

They sell it in the supermarket over
there. It's not bad.
あそこのスーパーで売っているよ。悪くないよ。

4
I want to go and see the cherry blossoms. Where is the best place to see them?
桜の花を見にいきたいんだけど。一番いい花見スポットはどこ？

I've heard that Kew Gardens is the best place in London for cherry blossoms.
ロンドンで桜を見るにはキュー・ガーデンが一番いいと聞いたよ。

5
It's almost lunchtime. Why don't we go for a walk in the park?
もうすぐ昼休みだね。公園に散歩に行かない？

Good idea. There's a nice café in the park where we can have lunch, too.
いいね。公園にはランチが食べられる素敵なカフェもあるよ。

Tips

1. shall（〜しましょうか）はイギリス英語では今でもよく使われていますが、アメリカ英語でshouldやwillの方が自然です。
2. sandwich shopは「サンドイッチの専門店」です。イギリスには多くあります。
3. イギリス人は控えめな言葉をよく使います。そのため、It's not bad. は声のトーンによっては「とてもおいしい」という意味になる場合があります。
4. 「見にいく」はイギリスでgo and seeという表現になります。go to seeは少し不自然な言い方です。
5. Why don't we...？は「〜でもしませんか」と人を誘う際に使う表現です。

ランチタイムで使う　会話表現10　031

6

We are going to play rounders in the park this afternoon. Do you want to join us?

私たちは今日の午後に公園でラウンダーズをする予定。参加しない？

Sure, I'd love to! It sounds like fun.

ぜひ、参加したい！　楽しそう！

7

What's that over there? Is it a bird?

あそこにいるのは何？　鳥かな。

No, it's a squirrel. There are lots of squirrels in this park.

いや、リスだよ。この公園にはリスがたくさんいるよ。

8

Look, people are rowing boats on the lake!

見て！　湖で船を漕いでいる人がいる！

That looks like fun. Let's hire one!

楽しそう。私たちも船を借りようよ！

9

What time do we have to go back to school?

何時に学校に戻らないといけないかな。

We have to be back by half past one. We still have twenty minutes.

1時半までに戻らないと。まだ20分残ってる。

10

Would anyone like some crisps? They're salt and vinegar flavour.

ポテトチップスを食べたい人いる？　塩とビネガー味だけど。

Yes please! Wow, they're really sour!

はい、食べる！　わぁ、酸っぱいね！

Tips

6. I'd love to!は「ぜひとも！」という意味になります。招待を受ける際に使う表現です。

7. lots of はa lot of（たくさんの）よりカジュアルで自然な言い方です。

8.「船をこぐ」場合にはrowという動詞を使います。「自転車をこぐ」場合はpedalという動詞を用います。

9. byは「～までに」という意味になります。untilは「～まで（の間）」です。

10. salt and vinegar（塩と酢）はイギリスでとても人気のある「ポテトチップス」の種類です。日本人にはかなり酸っぱく感じるかもしれません。

Dialogue

公園にピクニックに行こう！

以下は、アキと語学学校のクラスメートとの会話です。
ランチタイムに関する表現をチェックしましょう。

🔊 032

Classmate: Do you have any plans for lunch today?

Aki: No, I was just going to buy something from the supermarket.

Classmate: We are going to have a picnic in the park. Would you like to join us?

Aki: Thanks, I'd love to!

Classmate: We've got picnic blankets, but you'll need to bring your own food.

Aki: No problem. The school has some bats and balls. We could play rounders.

Classmate: Good idea!

Aki: Which park are you going to?

Classmate: We were planning to go to Hyde Park. It's only a five minute walk from here.

Aki: Got it. I'll meet you outside at half past twelve.

訳

同級生：今日のお昼休みには何かの予定はある？

アキ：いいえ、スーパーに行って何か食べる物を買うつもりだけど。

同級生：私たち、公園でピクニックをする予定。一緒に来ない？

アキ：ありがとう、ぜひ！

同級生：ピクニックの敷物は用意してあるけど、自分の食べる物は持っていかないと。

アキ：わかった。語学学校にバットとボールがあるよ。ラウンダーズもできる。

同級生：それはいいね！

アキ：どこの公園に行くの？

同級生：ハイド・パークに行く予定。ここから歩いてたった5分。

アキ：わかった。12時半に外で待ち合わせよう。

Self-check

Unit 8に出てきた文中表現の復習です。答えはページの下にあります。

....

① 今日の昼食は公園で食べよう。

( )( ) lunch in the park today.

....

② そのサンドイッチ、おいしそう！ 何が入っているの。

That sandwich looks nice! What's ( )( )?

....

③ 曇ってきたね。雨が降らないといいけど。

It's ( )( ). I ( ) it doesn't start raining.

....

④ 食べようと座った瞬間、20羽の鳩に囲まれてしまった！

As ( ) as we sat down to eat, we were ( )
by 20 pigeons!

....

⑤ 公園でのピクニックを計画する前に天気予報を確認するべきだった。

I ( ) ( ) checked the weather forecast before
planning a picnic in the park.

....

⑥ 街路を歩き回り、藤の花を愛でて昼休みを過ごした。

I spent my lunch break ( ) around the streets
( ) the wisteria.

....

⑦ 行列が長いけれど、待つ価値がある！

The queues are long but it's ( ) ( )!

....

⑧ 毎日この公園のベンチに座って鳥を観察している。

( )( ) on this bench in the park every day and watch the birds.

....

⑨ 昨日、友達と私はリッチモンド・パークで自転車を借りた。

My friends and I ( ) bikes in Richmond Park yesterday.

....

⑩ 今日お昼休みに公園に座ってたら日焼けしちゃった！

I got ( ) ( ) in the park at lunchtime today!

....

① Let's have　② in it　③ getting cloudy / hope　④ soon / surrounded
⑤ should have　⑥ walking / admiring　⑦ worth it　⑧ I sit　⑨ hired
⑩ sunburnt sitting

Unit 9
レジャー

leisure

1 I fancy watching a film tonight.

今夜は映画が見たい。

↳ fancy ...ingは「〜がしたい」という意味になるイギリス
英語特有の表現です。

2 Shall we go to a club later?

後でクラブにでも行こうよ。

↳ clubはnightclub（ナイトクラブ）の省略形です。

3 There's a nice cocktail bar near the station.

駅の近くにいいカクテルバーがあるよ。

↳ barとpubは両方ともお酒を売る店ですが、barの方は少
しおしゃれなイメージがあります。

4 I've got tickets to a musical in the West
End tonight.

今夜ウェストエンドであるミュージカルのチケットを持ってるけど。

↳ the West Endはロンドンの中心エリアです。買い物とエ
ンターテインメント（劇場など）で有名です。

5 Is it easy to get tickets for a Premier
League football match?

プレミアリーグのサッカーのチケットは手に入れやすい？

↳ 「サッカーの試合」はイギリス英語でfootball matchです。
アメリカ英語ではsoccer gameになります。

6 Let's have a girls' night out!
女子会をしようよ！

> girls' night outは「女子会」という意味になります。女の子の友達とレストランやバー、パブなどに行くことです。

7 Have you ever been speed dating?
スピード・デートをしたことはある？

> speed datingは恋愛相手に出会うためのイベントです。短時間で数多くの相手とミニデートをします。

8 I'm going on a date tonight.
今夜デートに行く。

> go on a dateは「デートに行く」という意味になります。

9 I went to an amazing gig last night.
昨日の夜、すばらしいライブに行った。

> gigは「ライブ」という意味ですが、大きなライブコンサートではなくパブなど狭いスペースで行う「小さいライブ」というニュアンスになります。

10 Let's stay at home and watch a film.
家で映画を見ましょう。

> filmとmovieは両方とも「映画」という意味ですが、イギリス人は主にfilmを、アメリカ人は主にmovieを好んで使います。

11

Come to my house tonight.
We can get a takeaway.

今夜私の家に来てよ。テイクアウトしてもいいし。

> ↳ get a takeawayは「テイクアウトをする」になります。
> つまり、デリバリーや持ち帰りの食べ物を家で食べること
> です。

12

How was the musical you saw last night?

昨日の夜見たミュージカルはどうだった？

> ↳ musicalの発音は英語で「ミュゼィカル」になります。カ
> タカナ発音の「ミュージカル」では通じないかもしれません。

13

How much are concert tickets?

ライブコンサートのチケットはいくら？

> ↳ concertはgigより大きなライブです。

14

We booked tickets online.

私たちはオンラインでチケットを予約した。

> ↳ bookはreserve（予約する）と同じ意味ですが、よりカジュ
> アルでネイティブっぽい言い方です。

15

I'm having a house-warming party on Friday night.

金曜の夜は引っ越し祝いのパーティーをする予定だよ。

> ↳ house-warming partyは引越し後に新しい家で行う
> パーティーのことです。誘われた際のhousewarming
> present（新築祝い）にはwineがいいでしょう。

16 I'm going to a comedy performance this evening.

今夜はコメディ・パフォーマンスに行く予定だ。

↪ comedy performanceは日本の漫才と違って、コメディアンが
一人で舞台に立って話をする演芸です。

17 I've never been to the opera but I'd like to go someday.

オペラに行ったことがないけれど、いつか行ってみたいと思う。

↪ I've never + 過去分詞という形は「今までしたことない」ことに
ついて話す際に用います。

18 There's a festival in the park on Sunday.

日曜日に公園でお祭りが開かれますよ。

↪ festivalは「お祭り」です。しかし文脈によってはfestivalだけで
「ミュージック・フェスティバル」の意味になる場合があります。

19 My friend is having a fancy dress party at her house for her birthday.

友達が誕生日に家でコスプレパーティーをやるよ。

↪ fancy dress partyはイギリス英語で「仮装パーティー」の意味
です。fancy dressは「コスプレ服」です。

20 I'm thinking about going to the music festival next month.

来月ミュージック・フェスティバルに行こうと思っているんだ。

↪ music festivalは主に野外で行われるロックやポップの音楽フェ
スになります。フェスの名前だけ言う場合もあります。例えば
music festivalの代わりにGlastonburyなどと言います。

レジャーで使う つぶやき表現36

レジャーの際にツイートできるフレーズを集めました。
SNSで使えるハッシュタグも要チェック！

🔊 034

1 Getting ready to go out with my friends!

友達と遊びにいく準備中！

#goingout

go out = 出かける、遊びにいく

go outは単に「出かける」という意味ですが、文脈によって「遊びにいく」というニュアンスを含みます。イギリス人はgoing OUT outという表現も使います。これは「遅くまで飲みにいく」ことです。

2 Deciding what outfit to wear for clubbing is difficult!

クラブに行くとき、コーデを決めるのがムズい！

#clubbing

clubbing = ナイトクラブに行くこと

clubは名詞ですが、to go clubbingのclubは動詞です。つまり、shopping（買い物をすること）と同じように扱えるわけです。

3 Having pre-drinks at home before going out.

出かける前に家でお酒を1杯飲んでいる。

#predrinks

pre-drinks = 遊びにいく前に飲むお酒

イギリス人は「お酒」をたくさん飲みます。そして、パブやバーのお酒は少し高いので、遊びにいく前に家で飲む人が多いです。その際のお酒をpre-drinksと言います。

4 My friend is going back to her home country so we are having a leaving do for her tonight.

友達が母国に帰る予定なので、今夜は送別会を行う。

#leavingdo

> **leaving do** = 送別会
> doはイギリス英語では「する」という意味になる動詞だけではなく、partyという意味にもなります。leaving doは「送別会」で、Christmas doは「クリスマスパーティ」を意味します。

5 I'm nervous about my date tonight. Any advice?

今夜のデートが気が気でないわ。何かアドバイスある？

#firstdate

> **be nervous about...** = 〜で緊張する
> nervousは「緊張した」という意味になりますが、be nervous about...というフレーズで覚えた方がいいでしょう。feel nervous about...という言い方もあります。意味はほとんど同じです。

6 Anyone have a spare ticket for the Rolling Stones concert tonight?

今夜のローリング・ストーンズのライブの余ったチケットを持っている人はいる？

#concertticket

> **spare** = 余っている、予備の
> 上記の例文ではspareは形容詞です。これは「余った」という意味ですが、「予備の」という意味にもなります。名詞としても使うことができます。例えば I have a spare. は「私はスペア、予備を持っているよ」になります。

tweet

レジャーで使う **つぶやき表現 36** 🔊 034

7 ## Are there any good theme parks near London?

ロンドンの近くにいい遊園地はある？

#themepark

> **theme park** = 遊園地、テーマパーク
> ロンドン中心部に「遊園地」はありませんが、郊外に行くと大きな遊園地があります。ロンドンのセント・パンクラス駅からフランス行きの電車に乗ればパリのディズニーランドにだって行けます。

8 ## What a performance that was! I can't wait to go to the theatre again!

なんて素晴らしいパフォーマンスだったんだ！ また劇場に行くのが楽しみ！

#theater

> **what a ...** = なんてすばらしい〜
> what a ...は感嘆の表現です。びっくりしたときや何かを強くほめる際に使います。例えば、スポーツを見ながらWhat a goal!（何てすごいゴール！）と言ったりします。

9 ## Last night I went on a Ghost Tour around the old streets of London. It was so scary!

昨日の夜はロンドンの古い通りを巡るゴーストツアーに参加した。めちゃくちゃ怖かった！

#ghosttour

> **ghost tour** = ゴーストツアー
> ghost tourはロンドンやヨークなどの観光地で行われるとても人気のあるツアーです。ガイドが幽霊に関連した名所を歩きながら怖いストーリーやローカルな歴史を語ります。

10 Having a great time cheering on the team!

チームを応援するのを楽しんでいる！

#premierleague

↳ **cheer on ...** = ～を声援する、励ます
cheer on...またはcheer... onという句動詞は「～に声援を送る」という意味になります。特にスポーツを話題にする際に使う表現です。

11 I really recommend this film! It's a must-see!

この映画はお勧め！　絶対見ないとだめ！

#movienight

↳ **a must-see** = 必見のもの
mustは「する必要がある」という意味の助動詞で、seeは「見る、観る」です。そのため、a must-seeという名詞は「必見のもの」という意味になります。他にはa must-do（必ずすべきこと）、a must-have（必ず持つべきもの）、a must-buy（必ず買うべきもの）などの表現があります。

12 Yay! I got a student discount at the cinema!

やった！　映画館で学生割引きにしてもらった！

#studentdiscount

↳ **student discount** = 学生割引き
多くのお店やレストラン、イベントは学生割引きをしてくれます。イギリスの大学生はstudent union cardという証明書を持っており、それを店員に見せると割引きを受けることができます。

213

13 Going to Glastonbury next week.
I hope it doesn't rain!

来週グラストンベリーに行くことになった。
雨が降らないといいね！　#glasto

Glastonbury = グラストンベリー・フェスティバル
「グラストンベリー・フェスティバル」はイギリス最大の音楽フェスです。Glastonburyは町の名前ですが、「グラストンベリー音楽フェスティバル」の省略形にもなっています。世界的に有名なアーティストが出演するフェスなので、チケット入手は困難です。

14 My friend booked a karaoke room for
tonight. I'm nervous about singing in front
of everyone in English!

今夜は友達がカラオケルームを予約した。みんなの前で英語で
歌うんで緊張している！　#karaoke

karaoke room = カラオケルーム
イギリスの「カラオケ」は主にパブやバーにあって、知らない人の前で歌を競うイベントになっています。しかし最近、ロンドンなどの都会ではプライベートの「カラオケルーム」を借りることが流行っています。事前に予約することをお勧めします。

15 I'm dressing up as an anime character for a
Halloween party. Can you guess who I am?

今ハロウィンパーティーのためにアニメキャラのコスプレをし
ている。誰なのかわかる？　#halloween

dress up as ... = 〜の扮装をする
fancy dress party（仮装パーティー）に行く前には、友達が
What are you going to dress up as?（何の扮装をするの？）という質問をしてきます。ハロウィンはイギリスでアメリカほど人気はありませんが、fancy dress partyを行う人はいます。

16 I made a cake for my friend's birthday party. We are having a house party followed by clubbing.

友達の誕生パーティーのためにケーキを作ったよ。ホームパーティーが終わったら、二人でクラブに行く予定。　#party

↪ **followed by...** = 〜の後に
これからすることの順番を説明する際にはfollowed byという表現が使えます。例えば「レストランに行った後にバーに行く」という計画があれば、go to a restaurant followed by a barという言い方をすることができます。

17 That was the best concert I've ever been to! What a night!

今回は今までに行った中で最も素晴らしいコンサートだった！何て楽しい夜だったんだ！　#bestnightever

↪ **best ... ever** = これまでで最高の〜
everは「これまで」という意味に、bestは「最高の」という意味になります。そこでbest day ever（これまでで最高の1日）やbest match ever（これまでで最高の試合）という表現をすることもできます。

18 I have such a hangover! We eventually called it a night at 4am!

ひどい二日酔い！　結局みんなで朝4時まで飲んでいたから！
　#hangover

↪ **call it a night** = 今夜はここまでにしておく
仕事やパーティー、アクティビティなどを「終わりにする」際にcall it a night / call it a dayという表現を使います。夜のアクティビティの場合にはnightを、昼間のアクティビティの場合にはdayを使います。

19 The club I went to last night was so much fun. I met lots of nice local people.

昨晩行ったクラブはとても楽しかった。地元の優しい人たちに
たくさん会えた。　#clubbing

↪ **nice** = 優しい、良い、おいしい
niceはイギリス人の口癖のようです。汎用性が高く、とても役に立
つ形容詞です。食べ物や人、もの、天気などについてポジティブに
話す際にniceという形容詞で自分の意見を伝えます。

20 My friend gave me tickets to a Christmas pantomime. OMG it was so much fun!

友達がクリスマス・パントマイムのチケットをくれた。やばい、
おもしろかった！　#pantomime

↪ **Christmas pantomime** = クリスマスの季節に演じられ
る小喜劇
Christmas pantomimeはイギリス特有の伝統芸能です。ローカ
ルな劇場で有名な芸能人が舞台上で小劇を演じます。歌ったり踊っ
たりしますし、観客が参加することもあります。

21 I have a spare ticket to the football tonight. Does anyone want to go with me?

今夜のサッカーのチケットが余っているんだ。誰か一緒に行か
ない？　#football

↪ **football** = サッカー、サッカーの試合
footballは一般的にサッカーというスポーツの意味になります。
例文のthe footballは「そのサッカーの試合」という意味です。
soccerはもともとイギリスでできたassociation footballの省略
形ですが、現在、イギリス人はこの言い方をあまりしません。

22 What is everyone watching on NETFLIX right now? I need something new to watch!

今みんな、ネットフリックスで何を見ているの？　新しい作品を見たいなぁ！　#recommendations

↪ **something new to watch** = 何か見るべき新しいもの
something to 動詞という表現は会話でよく使われます。例えば something to eat（何か食べるもの）、something to drink（何か飲むもの）、something to wear（何か着るもの）などの使い方があります。somethingの代わりにsomewhereやsomeoneも使えます。例えば、somewhere to go（どこか行ける場所）などです。

23 I need to book a restaurant for a birthday party on Saturday. Any recommendations?

金曜日に誕生パーティ用にお店を予約しないと。お勧めある？

#birthdayparty

↪ **recommendation** = お勧め
recommendationは「お勧め」という意味になる名詞です。動詞の場合はrecommendになります。例えば、Can someone recommend a good restaurant?（誰かいいレストランを勧めてくれませんか）。

24 I tried so much amazing food at this farmers' market. Try it if you are in London!

このファーマーズ・マーケットでおいしい食べ物をいろいろと食べてみた。ロンドンに来たらぜひ行ってみて！　#farmersmarket

↪ **farmers' market** = 農家が集まるマーケット
farmers' marketは主に地域の生産者農家が集まって、自分が作った農産物を売る市場です。スーパーで買えないものもよく販売されています。例えば、手作りのソーセージやジャム、パン、チーズなどの食品が好評のようです。

25 The tennis courts in this park are free! My racket skills are a bit rusty but I had a fun time anyway!

この公園のテニスコートは無料で使える！　ラケットの腕は少し落ちているけど、とにかく楽しかった！　#tennis

→ **rusty** = 下手になった、鈍くなった
rustyはもともと「さびている」という意味ですが、「練習不足でスキルが下がった」という意味で使うことができます。

26 This waterpark is great for a hot summer day. I recommend this if you have kids!

このウォーターパークは暑い夏の日にぴったり。子供がいたらお勧め！　#waterpark

→ **kid** = 子供
kidはもともと「子ヤギ」という意味でしたが、現在は「子供」という意味の口語表現として使われています。スラングですが別に失礼な言い方でもありませんので、どんな場面でも使えます。

27 British comedy is so different to Japanese comedy. I enjoyed it but some parts were difficult to understand!

イギリスのコメディは日本のコメディとかなり違う。楽しかったが、わかりづらいところもあった！　#comedy

→ **be different to...** = 〜と異なる、〜と違う
2つの物事を比較する際にはbe different toという表現を使います。イギリス人はtoという前置詞を使いますが、アメリカ英語ではbe different thanが正しい形とされます。be different fromはどちらでも正しいと考えられています。

28 I tried roller skating for the first time.
I want to come here again.

初めてローラースケートをやってみた。また行ってみたいな！

#rollerskating

↳ **roller skating** = ローラースケート
roller skatingはshoppingやhiking、swimmingなどのアクティビティと同じく動詞（rollerskate）から生まれた言葉です。go roller skating（ローラースケートに行く）という形でも使えます。ローラースケート場は英語ではrinkになります。アイススケートの場合も同様にrinkです。

29 This bar has free live music. Tonight's jazz band was amazing!

このバーは無料のライブコンサートを行っている。今夜のジャズバンドは素晴らしかった！　#livemusic

↳ **live** = 生の
liveは形容詞で、「生の」という意味になります。例えば、live musicは「ライブの音楽」という意味です。live broadcastは「生放送」になります。日本語の「音楽のライブ」は英語では単なるconcertあるいはlive concertなどと言えます。

30 Here is the view from the London Eye!
I can't believe I'd never been on it before today!

これがロンドン・アイから見える景色！　今まで乗ったことなかったって信じられない！　#londoneye

↳ **London Eye** = ロンドン・アイ（大観覧車の名称）
ロンドン・アイは2000年（＝ミレニアム）を祝うために作られ、2006年までは世界で一番高い観覧車でした。現在もイギリスで最も人気のあるアトラクションの1つです。

31 One great way to see London is to take a boat ride on the Thames.

ロンドンを見たいなら、テムズ川で船に乗るのがお勧め。

#riverthames

boat ride = 船旅、船に乗ること
boat rideは「船旅、船に乗ること」という意味の名詞で、take a boat rideは「船に乗る」です。ロンドンの美しい景色を見るためには、テムズ川で船に乗るのをお勧めします。多くの会社が観光客向けのboat ride（乗船ツアー）を行っています。

32 There are plenty of free activities in London. I spent today at the Natural History Museum.

ロンドンには無料でできるアクティビティが数多くある。今日はロンドンの自然史博物館で過ごした。

#naturalhistorymuseum

plenty of = たくさんの
「たくさんの」と言うとき多くの日本人はmanyを使いますが、plenty ofやlots of、loads ofの方がネイティブの会話ではよく使われます。manyは主に疑問文や否定文で使われることが多いです。

33 I'm going to my first ever salsa lesson tonight. I have two left feet so I'm a bit nervous!

今夜は初めてのサルサレッスンに参加する予定。不器用だからちょっと緊張している！ #salsa

to have two left feet = 不器用である
two left feetを直訳すると「左足が2本ある」ですが、このイディオムは「不器用である」という意味になります。特に「ダンスが苦手」というニュアンスで使われることが多いです。

34 I didn't meet the love of my life doing speed dating yesterday, but I had a fun time and made lots of new friends.

昨日のスピード・デートでは運命の人に出会えなかったけど、めちゃくちゃ楽しかったし、新しい友達がたくさんできた。

#speeddating

⤷ **the love of my life** = 運命の人

「運命の人」は英語でいろいろな言い方があります。the love of my life以外にもthe oneやmy soulmate、あるいはthe man / woman of my dreamsなどの言い方があります。

35 I saw a beautiful exhibition of Japanese art at my local gallery today. I love that there is so much to do in London.

今日は近所の美術館で日本美術の展示を見た。ロンドンはやることがたくさんあるのがいいよね。 #japaneseart

⤷ **exhibition** = 展示

美術館や博物館に行くとexhibitionという単語が必ず目に入ってきます。exhibitionの関連語は名詞のexhibit（展示品）と動詞のexhibit（展示する）です。

36 I went to Leicester Square to see the celebs on the red carpet today. I saw so many famous people! Check out my photos!

今日はレッドカーペットを歩くセレブを見ようとレスター・スクウェアに行った。たくさん有名人を見たよ！ 写真を見て！

#leicestersquare

⤷ **celeb** = 有名人

celebはcelebrityの省略形で、famous people（有名人）と同じ意味です。TV personality（テレビのタレント）やstar（芸能人）という言い方もあります。「タレント」は英語では使えません。talentは英語で「才能」という意味になります。

Chat

レジャーで使う **会話表現10**

ここでは、レジャータイムでのやり取りとして想定される一往復の短い会話をまとめました。

🔊 035

1

Do you want to go to the cinema tonight?
今夜映画館にでも行かない？

Sure! I want to see that new romantic comedy.
いいよ！ あの新作ラブコメが見たいな。

2

I really want to go dancing tonight.
Do you know any good clubs?
今夜踊りにいきたい。いいクラブ知ってる？

There are lots of clubs in the West End.
I'll go with you.
ウェスト・エンドにクラブがたくさんあるよ。一緒に行こう。

3

Are there any theme parks in London?
ロンドンに遊園地ってあるの？

The nearest theme park is Thorpe Park.
It's easier to drive there than take the train.
一番近い遊園地がソープ・パーク。電車より車で行く方が楽だね。

4

I have tickets to a musical tonight.
Would you like to go with me?

今夜のミュージカルのチケットを持ってるんだけ
ど。一緒に行かない？

I'd love to! I haven't been to a musical in
London yet.

ぜひ！　ロンドンでまだミュージカルに行ったことがないんで。

5

Where can I get tickets for a Premier
League football match?

プレミアムリーグのサッカーの試合観戦券はどこで買える？

It's difficult to get tickets unless you're a
member. Try a Championship match instead.

クラブ会員じゃないと券は取りにくいよ。代わりにチャンピオン
シップの試合のチケットにしたらどうかな。

Tips

1. cinema（映画館）は主にイギリス英語で使われます。アメリカ英語で
   はmovie theaterになります。

2. go dancingは「踊りにいく」という意味ですが、「クラブで踊る」と
   いうニュアンスが含まれます。

3. nearest（最も近い）の代わりにclosestを使うこともできます。

4. I haven't ＋過去分詞は「まだ〜をしていない」という意味です。

5. the Championshipはイングランドサッカーの第2部リーグ名です
   （第1部リーグがプレミアムリーグ）。第3部リーグと第4部リーグは
   League 1及びLeague 2です。

6

I'm going to a salsa lesson tonight.
Will you come with me?

今夜サルサレッスンに行くんだけど。一緒に来ない？

I'm not good at dancing, but I'd like to try!

ダンスは得意じゃないんだけど、やってみたいな！

7

It's going to be so hot tomorrow.
What shall we do?

明日はとても暑くなるらしいよ。何をしようか。

There's a waterpark near here.
Let's go there and stay cool!

この近くにウォーターパークがあるよ。あそこに行って涼もう！

8

I want to do something fun tomorrow,
but I don't have much money.

明日は何か楽しいことをしたいんだけど、あまりお金がないんだよ。

Go to the Natural History Museum.
It's free to get in.

自然史博物館に行ってみたら。入場無料だよ。

9

Are you doing anything for your birthday?
誕生日に何かする予定？

Yes, I'm having a fancy dress party.
You should come!
ええ、コスプレパーティーをする予定だよ。君も来なよ！

10

Your outfit looks nice. Are you going on a date?
あなたのコーデはとても素敵だね。デートに行くの？

Yes, I'm going to the cinema with a guy I met at work.
ええ、仕事で出会った男の子と映画館に行くよ。

Tips

6. not good at ...ingは「〜をするのが苦手」という意味になります。

7. stay coolは「暑さで参らないようにする」ことですが、「じゃあね！」という別れの挨拶としても使えます。

8. free to get inの代わりにfree to enterやfree entryを使うこともできます。

9. fancy dress partyは「コスチュームパーティー、仮装パーティー」の意味です。アメリカ英語ではcostume partyと言います。

10. guyは「男性」という意味になります。もともとアメリカ英語ですが、現在イギリスでも使われています。bloke（やつ）というイギリス英語特有の単語もあります。

Dialogue

今夜クラブに出かけよう

以下はアキと学校のクラスメートとの会話です。退屈しているアキはどこか遊びに出かけたいようですが……。

🔊 036

Aki: I'm bored. Shall we go out tonight?

Classmate?: Yeah! Let's go out to a club.

Aki: Do you know any good clubs? I've never been to one in London before.

Classmate: There are lots of clubs in the West End.

Aki: Great! I've got some wine in the fridge. Shall we have some pre-drinks?

Classmate: Good idea. It's cheaper than drinking in a bar.

Aki: I'll text some of my friends from language school. They might want to come.

Classmate: Tell them to meet us in Leicester Square at 9pm.

Aki: Ok. Right, I'm going to have a quick shower, then get ready.

Classmate: Put on some comfortable shoes. We are going to do a lot of dancing!

訳

アキ：退屈だな。今夜遊びにいこうよ。

同級生：いいね！　クラブに行こうよ。

アキ：いいクラブ知ってる？　ロンドンではクラブに行ったことがなくて。

同級生：ウェスト・エンドにクラブがたくさんあるよ。

アキ：いいね。冷蔵庫にワインがあるよ。出かける前に少し飲む？

同級生：いいね。バーでお酒を飲むより安いしね。

アキ：語学学校の友達にメッセージを送るよ。みんな行きたいかも。

同級生：9時にレスター・スクウェアで待ち合わせだと伝えて。

アキ：わかった。じゃ、これからサッとシャワーを浴びて出かける準備をするから。

同級生：履きなれた靴にしてね。踊りの時間はたっぷりだから！

Self-check

Unit 9に出てきた文中表現の復習です。以下の日本語の意味になるように英文を完成させてください。答えはページの下にあります。

① 今夜は映画が見たい。

I ( ) ( ) a film tonight.

② 後でクラブにでも行こうよ。

( ) ( ) go to a club later?

③ 昨日の夜見たミュージカルはどうだった？

( ) ( ) the musical you saw last night?

④ ライブコンサートのチケットはいくら？

( ) ( ) are concert tickets?

⑤ 金曜の夜は引っ越し祝いのパーティーをする予定だよ。

I'm ( ) a ( ) party on Friday night.

⑥ 友達と遊びにいく準備中！

( ) ( ) to go out with my friends!

⑦ 今夜のデートが気が気でないわ。何かアドバイスある？

I'm ( ) ( ) my date tonight. Any advice?

⑧ この映画はお勧め！　絶対見ないとだめ！

I really ( ) this film! It's a ( )!

⑨ ひどい二日酔い！　結局みんなで朝4時まで飲んでいたから！

I have such a ( )! We eventually ( ) it a ( ) at 4am!

⑩ ラケットの腕は少し落ちているけど、とにかく楽しかった！

My racket skills are a bit ( ) but I had a fun time ( )!

① fancy watching　② Shall we　③ How was　④ How much　⑤ having
/ house-warming　⑥ Getting ready　⑦ nervous about　⑧ recommend /
must-see　⑨ hangover / called / night　⑩ rusty / anyway

Unit 10
旅行
travel

1 Let's take a trip to Brighton.

ブライトンへ旅行に行こうよ。

↳ ブライトン（Brighton）は乗り換えなしの1時間で、ロンドンから電車で行ける海の町です。take a tripで「（特定の）旅行をする」という意味になります。

2 It's about an hour from London by train.

ロンドンから電車で1時間くらいかかる。

↳ 「電車で、バスで」の「で」は英語でbyになります。例えば、by train（電車で）やby bus（バスで）、by bike（自転車で）となります。

3 Have you ever been to Stonehenge?

ストーンヘンジに行ったことある？

↳ 「〜に行ったことがある？」はHave you ever been to...?です。

4 Let's spend a day in the Cotswolds.

コッツウォルズで1日過ごそう。

↳ spend a dayは「一日を過ごす」という意味です。spendにはもともと「費やす」という意味があります。

5 I want to get out of the city.

私は都会から離れたい。

↳ get out of...という句動詞は「〜を出る」という意味です。

6 We could go on a drive into the countryside.

田舎にドライブに行けるよ。

> country / countrysideは「田舎」という意味になります。「景色のよい田舎」というニュアンスがありますので、ポジティブな意味合いの単語です。

7 Do you know any good places outside London for a day trip?

ロンドン郊外で日帰り旅行にいいスポットを知ってる？

> day tripは「日帰り旅行」という意味になります。two-day tripは「2日間の旅行」です。

8 How long does it take to get to Oxford by train?

オックスフォードまで電車でどのくらい時間がかかるの？

> オックスフォードは大学のある町ですが、それだけでなく、歴史的な観光スポットなので観光客に人気があります。

9 How far is it to Cambridge from London?

ケンブリッジはロンドンからどのくらい離れているの？

> ケンブリッジもオックスフォードと同じくきれいな観光地です。

10 What is there to do in Bath?

バースでは何ができるの？

> バースはもともと温泉の町なので、Bath（お風呂、温泉）という名前になりました。

---

11 **What** is York famous for?

ヨークは何で有名？

> be famous forは「〜で有名である」という意味になります。

---

12 **Are there** any good museums in that town?

その町にはいい博物館はある？

> is there 単数形？とare there＋複数形？は「〜があります
> か？」という意味になる疑問文です。

---

13 **What** souvenirs should I buy there?

そこでどんなお土産を買えばいい？

> souvenirは「お土産」です。特に「観光スポットや特別な
> イベントで買うお土産」というニュアンスになる単語です。

---

14 **We** should book a hotel.

ホテルを予約した方がいいよ。

> shouldの代わりにhad betterという表現を使うこともで
> きます。いずれも「〜した方がいい」という意味になります。

---

15 **It's** too far for a day trip.

そこは日帰りには遠過ぎるよ。

> too A for Bは「BにはA過ぎる」という意味になります。
> This Indian curry was too spicy for me!（このインドカ
> レー、私には辛過ぎ！）などのように使えます。

16　There are many beautiful historical buildings in that town.

その町には美しい歴史的な建築物が数多くある。

> 「歴史」はhistoryですが、形容詞の「歴史的な」は historicalになります。

17　It's famous for its cathedral.

(その町は) 大聖堂で有名。

> be famous for...は「〜で有名」という意味です。「教会」 はchurchですが、「大聖堂」はcathedralと言います。

18　That church was built over 1,000 years ago.

その教会は1000年以上前に建てられた。

> was built（建てられた）は受動態です。be動詞＋過去分 詞で作られます。

19　This is the house where William Shakespeare lived.

ここはウィリアム・シェイクスピアが住んでいた家だ。

> この例文のwhereは「どこ？」ではなく、「〜がどんな場 所なのか」を説明する関係副詞です。

20　This building was first built in Roman times.

この建物はローマ時代に初めて建てられた。

> Roman timesは「ローマ時代」という意味になります。ロー マ時代の遺跡は現在でもイギリス中で見ることができます。

旅行で使う **つぶやき表現36**

旅行の際にツイートできるフレーズを集めました。SNS
で使えるハッシュタグも要チェック！

🔊 038

1 We're taking a trip to the beach today.
I hope the sea is warm!

今日はビーチへ旅行に行くよ！　海が温かいといいね！

#beach

⤷ **warm** = 温かい
日本の海と比べると、イギリスの周りの海は1年中冷たいです。しかし、
1年中海に入りたがるイギリス人がいます。温かい海を求めてイギリス人
はスペインなどの地中海の国に旅行します。

2 I'm excited about visiting a new place.
We're going to Oxford today!

新しい場所に行くのが楽しみだ。今日はオックスフォードに行
く！　#oxford

⤷ **be ...ing** = ～している、～する予定
be ...ingは主に「今～している」という意味で使われますが、未来を表す
意味でも使うことができます。決まった計画について話す際に用います。

3 Where's a good place near London for a
day trip by train?

ロンドンの近くで電車で日帰り旅行をするのにいいスポットは
どこ？　#daytrip

⤷ **day trip by train** = 電車で日帰り旅行
ロンドンから電車で日帰り旅行できる観光地は数多くあります。オックス
フォード、ケンブリッジ、ブライトン、バースなどの町には電車で行けま
すし、早く起きればパリに日帰り旅行することもできます。

4 Now heading to Cambridge!
I'm going to take lots of photos!

今ケンブリッジに向かっている！　写真をたくさん撮る予定！

#cambridge

↳ **head to...** = 〜に向かう、〜へ行く

「行く」の意味でよくgoが使われますが、ネイティブの会話では他の表現も使われます。例えば、head to...という表現もあります。I'm heading to the supermarket.（スーパーに行く途中）やI'm heading to a pub.（パブに行く途中）などと表現できます。

5 Can anyone recommend a good restaurant in Brighton?

ブライトンでおいしいレストランをお勧めできる人いる？

#brighton

↳ **Can anyone recommend...?** = 誰か〜を勧められますか

SNSでフォロワーからお勧めを求めるときには、Can anyone recommend ...?という質問が良いでしょう。recommendの後には、a restaurant、a pub、a shopなどの名詞が来ます。

6 This seaside town is famous for seafood.
I just had the most delicious oysters!

この海の町はシーフードで有名。今めちゃくちゃおいしいオイスターを食べた！　#seafood

↳ **seaside town** = 海辺の町

イギリス英語ではseaside（海辺の）をよく使いますが、アメリカ英語でこの表現はあまり使われません。アメリカ人は海に行く際にgo to the beachと言います。またイギリス人はsea（海）を使いますが、アメリカ人はocean（海洋）を好んで使います。

7 Watching the sun setting over the sea.
It's so beautiful!

今、海に沈む夕陽を眺めている。とてもキレイだ！

#sunset

↪ **sunset** ＝ 夕焼け
sunset（夕焼け）とsunrise（日の出）は両方とも名詞です。動詞の場合はThe sun is setting.（日が沈んでいる）とThe sun is rising.（日が昇っている）で表せます。

8 There are so many cute souvenir shops in this town. I spent too much money!

この町にはかわいいお土産屋がたくさんある。お金を使い過ぎてしまった！

#souvenirshopping

↪ 動詞＋**too much** ＝ 〜し過ぎる
「〜し過ぎる」は英語で...too muchという表現になります。例えば、「飲み過ぎる」はdrink too muchに、「食べ過ぎる」はeat too muchになります。

9 This town is so quiet and peaceful.
It's great for a relaxing day trip.

この町は静かで穏やか。ゆっくりできる日帰り旅行にぴったり。

#relaxing

↪ **relaxing** ＝ リラックスできる、ゆっくりできる
relaxingはこの文脈で使うと形容詞で、「リラックスできる、ゆっくりできる」という意味になります。例えば、a relaxing dayは「ゆっくりできる日」という意味です。

10

I was surprised to see that the beach is not sandy. It's a pebbly beach!

このビーチは砂浜じゃなくてびっくり。小石のビーチだ！

#beach

pebbly = 小石の多い

pebblyという形容詞はpebble（小石）という名詞から来ています。ブライトンという海の町のビーチは砂浜ではなく、小石の多いビーチです。

11

I swam in the English Channel but the water was so cold!

イギリス海峡で泳いだんだけど、水がめちゃくちゃ冷たかった！

#coldsea

English Channel = イギリス海峡

English Channelはイギリスとフランスを隔てている海峡です。最も近いところでイギリスからフランスの海岸が見えます。

12

This beautiful town is only 2 hours from London by train. I recommend coming here!

この美しい町はロンドンから電車で2時間しか離れていない。ここに来るのはお勧め！

#sightseeing

sightseeing = 観光

このsightseeing（観光）は名詞ですが、go sightseeingとすれば「観光に行く」という意味になります。do sightseeing（観光する）もよく使われます。例えば、I did a lot of sightseeing in Italy.（イタリアでたくさん観光しました）。

13 I visited Shakespeare's birthplace!
I also learnt a lot about his life.

シェイクスピアが生まれた場所を訪れた！ 彼の人生について
もいろいろ勉強になった。

#shakespeare

↪ **learn** = 学ぶ、覚える
learnの過去形はイギリス英語でlearntまたはlearnedになります。過
去分詞も同じです。一方、アメリカ英語ではほとんどlearntは使われ
ません。過去形も過去分詞もlearnedになります。

14 I went on a long drive with my friends to
see Stonehenge. I can't believe this was
built 5,000 years ago!

今日はストーンヘンジを見に友達と長いドライブに出かけた。
これが5000年前に建てられたなんて！

#stonehenge

↪ **go on / for a drive** = ドライブに出かける
driveは動詞では「運転する」という意味になります。過去形はdrove
で、過去分詞はdrivenです。go on / for a driveという表現のときは「ド
ライブに出かける」という意味になり、このdriveは名詞です。

15 I went on a walking tour today. The guide
was really funny and knowledgeable.

今日はウォーキングツアーに行った。ガイドさんがめちゃくちゃ
面白くて知識豊かだった。

#walkingtour

↪ **knowledgeable** = 知識が豊かな
knowledgeableという形容詞は「知識が豊かな」という意味です。
be knowledgeable about... （〜についての知識を持つ）という表現
は会話でもよく出てきます。

16 I visited the cathedral today. We climbed to the top of the tower and enjoyed the view over the city.

今日は大聖堂を訪れた。塔の上まで登って街の景色を楽しんだ。

#cityview

> **tower** = 塔
> 多くの教会には塔があります。英語では塔の形によって言い方が違います。四角い塔はtowerですが、尖っている塔はspire（発音：スパイヤ）と言います。

17 The long train ride was worth it.
This city has so much history!

電車で長旅した甲斐があったよ。この街は本当に歴史が豊かだ！

#britishhistory

> **train ride** = 列車に乗ること
> rideは動詞では「乗る」という意味になりますが、train ride（列車に乗ること）では名詞です。例えば、I enjoyed the train ride（楽しく電車に乗った）。be worth itは「〜する価値がある」という意味になります。つまり、「長旅は大変だったが、我慢した意味があった」というニュアンスになる表現です。

18 We drove to a safari park today.
We saw so much wildlife.

今日はサファリパークまで運転した。野生動物をいっぱい見た。

#safaripark

> **wildlife** = 野生生物、野生動物
> wildlifeはwild animals（野生動物）とだいたい同じ意味ですが、wildlifeは不可算名詞なので、「多くの」はso much wildlifeと表します。wild animalsの場合にはso many...になります。

19 This old stately home was the set for many famous movies and TV shows.

この古い大邸宅は有名な映画やテレビ番組が数多く撮影された場所だった。

#statelyhome

↳ **stately home** = 大邸宅
stately homeはイギリス中にあります。貴族がまだ住んでいる大邸宅がありますし、ホテルや結婚式場として使われている大邸宅もあります。その上、映画の撮影場所として使われている大邸宅もあります。映画やドラマに出た大邸宅の多くは見学できます。

20 I visited Windsor Castle today. I feel like a real princess now!

今日はウィンザー城を訪れた。本物のプリンセスになった気分！

#windsorcastle

↳ **Windsor Castle** = ウィンザー城
ウィンザーはロンドンから35キロくらい離れている町です。ウィンザー城にはエリザベス女王が滞在していたこともありました。チケットを予約すれば見学することができます。

21 I bought tickets for the Harry Potter studio tour! I'm so excited, I can't wait!

ハリー・ポッターのスタジオツアーのチケットを買ったよ！待ちきれないくらい楽しみだわ！

#harrypotter

↳ **can't wait** = 待ち遠しい、待ちきれない
can't waitは何かを楽しみにしている時に使う表現です。can't wait for...というパターンでよく使われています。例えば、I can't wait for Christmasは「クリスマスが待ち遠しい、クリスマスをとても楽しみにしている」という意味になります。

22 I'm getting ready to go hiking in the Lake District. I'm staying in a hostel for the first time!

湖水地方にハイキングに行く準備をしている。初めてホステルに泊まる予定なんだ！

#lakedistrict

↳ **get ready** = 準備する、整える
「準備する」はよくprepare (for)と表されますが、日常英会話ではget readyの方が多く使われています。例えば、I'm getting ready for my exams.なら「私は試験の準備をしている」になります。

23 This hotel room has a great view of the sea.

このホテルの部屋から見える海の景色が素晴らしい。

#greatview #accommodation

↳ **accommodation** = 宿泊施設
hotelは日本語でも「ホテル」なのでとてもわかりやすいですが、accommodationもよく会話に出てきます。これは「宿泊施設」という広い意味になる名詞です。例えば相手がホテルに泊まったかどうかわからない場合には、How was the accommodation?（宿泊施設はどうでしたか）と聞くことができます。

24 The scenery here is very different to the scenery in Japan.

ここの景色は日本の景色と全く違う。

#ukscenery

↳ **scenery** = 景色
sceneryの代わりにlandscapeを使うこともできます。ほとんど同じ意味です。イングランドは日本と比べるととても平坦な国なのですが、それと異なる山の景色を見たいなら、スコットランドやウェールズに行く必要があります。

25 I'm going to take the Eurostar to Paris.
It only takes two and a half hours from
London!

ユーロスターに乗ってパリに行く予定。ロンドンから2時間半しかかからないんだ！

#paris

↪ **Eurostar** = ユーロスター（英国と欧州をつなげる国際列車）
フランスに行きたいなら、船や飛行機に乗る必要がありません。ユーロスターという電車に乗るとロンドンからパリまで直通で行くことができます。2時間半くらいで着きます。

26 I found this cute little antique shop today.
I bought lots of souvenirs.

今日はこの小さくてかわいいアンティーク店を見つけた。お土産をたくさん買ったよ。

#antiques

↪ **antique** = アンティーク（100年以上前に作られたもの）
イギリスでアンティーク店はとても人気があります。古い物や家具などを集める人が多いです。antiqueは100年以上前に作られたもので、それより新しいものはvintageと呼ばれます。

27 I am too tired to walk today, so I took
a tour bus. I have seen all the famous
sightseeing spots from here!

今日は疲れ過ぎて歩きたくないので、ツアーバスに乗った。ここから有名な観光地はすべて見た！　#tourbus

↪ **too tired to walk** = あまりにも疲れていて歩けない
too 形容詞 to 動詞という構文は会話によく出てきます。「〜過ぎて〜できない」という意味になります。例えばThis tea is too hot to drink.は「このお茶は熱くて飲めません」の意味です。

28

I tried lots of local specialities at this food
market. British food is better than you think!

このフードマーケットでいろいろな名物を食べてみた。イギリス料理はみんなが思っているよりおいしいよ！　#britishfood

local speciality = ローカルな名物
specialityはイギリス英語のスペルと発音です。アメリカ英語ではspecialtyになります。「名物」という意味のほか、「得意分野」の意味もあります。

29

I climbed Snowdon. It's the highest mountain
in Wales, but it's quite an easy walk.

スノードン山に登った。ウェールズで最も高い山だけど、かなり登りやすい。　#snowdon

Snowdon = スノードン山
ウェールズで最も高い山はスノードン山です。高さは1085メートルです。ウェールズ語の名前はYr Wyddfaで、発音は「イル・ウィズファ」に近い音です。山頂にはカフェがあります。天気がよかったら山頂からアイルランドを見ることができます。

30

I'm in Wales. I didn't know it is a bilingual
country. All of the road signs are in English
and Welsh.

ウェールズにいる。バイリンガルの国だとは知らなかった。すべての標識が英語とウェールズ語で書いてある。　#wales

Welsh = ウェールズ語、ウェールズ人、ウェールズの物
ウェールズはバイリンガルの国なので、道路の標識などは英語とウェールズ語で書いてあります。多くのウェールズ人はウェールズ語を話すことができますが、英語を話せないウェールズ人はほとんどいませんので、英語が通じるかどうか心配する必要がありません。

31 I'm going to visit my friend in Dublin, Ireland. I'm excited about visiting a new country.

アイルランドのダブリンにいる友達に会いにいく。新しい国に行くのが楽しみだ。　#ireland

↪ **Ireland** = アイルランド
アイルランド共和国の首都はダブリンです。ダブリンはイギリス人に人気の旅行先です。飛行機でロンドンから約1時間20分しかかかりません。アイルランドへ行く格安航空会社は数多くありますので、安く行くことができます。

32 It is difficult for me to understand the Scottish accent! The UK has so many different accents!

スコットランド英語のアクセントは私にはわかりづらい！
英国には異なる方言がたくさんあるんだ！　#britishenglish

↪ **Scottish** = スコットランドの
スコットランドはイギリスで2番目に大きな国です。スコットランド人が話す英語は日本人の英語学習者にとってはかなり訛っていて聞き取りにくいです。スコットランドに行く前にスコットランドで作られた映画やドラマを観て慣れておいた方がいいでしょう。

33 I want to try glamping. Does anyone know any good glamping places near London?

グランピングを試してみたい。誰かロンドンの近くにあるいいグランピングスポットを知らない？　#glamping

↪ **glamping** = グランピング
glampingはglamorous（高級・魅惑的な）とcampingの組み合わせです。つまり、「高級キャンピング」という意味になります。グランピングは田舎のアクティビティなので、ロンドンから少し離れないとグランピングスポットがありません。

34

This is one of the most scenic train rides I've ever been on. Look at the view from the window!

これは今までに乗った中で一番景色のよい電車の旅の1つだ。窓からの景色を見てよ！　#scenic

scenic = 眺めが良い、景色がいい

scenicは形容詞です。最上級はmost scenic（最も景色のよい〜）になります。主に美しい田舎の景色について話す際によく使う単語です。

35

The staff at this hotel are so friendly. I want to stay here again.

このホテルのスタッフはめちゃくちゃフレンドリーだ。また泊まりたいな。　#goodhotel

staff = スタッフ、従業員

イギリス英語で、複数のstaffについて話す際にはbe動詞はareになります。アメリカ英語では単数形のisを使います。例えば、The staff are friendly.はイギリス英語の言い方で、The staff is friendly.はアメリカ英語の言い方です。

36

I met some other Japanese people in the hostel. We all went out for dinner together and had a great time!

ホステルでは他の日本人に出会った。みんなで一緒に夕食を食べにいって、めちゃくちゃいい時間を過ごせた！　#newfriends

hostel = ホステル（簡易宿泊施設）

イギリスには300軒以上のホステルがあります。ホステルには大部屋があるので、新しい友達を作ることができます。

Chat

ここでは、旅行でのやり取りとして想定される一往復の短い会話をまとめました。

🔊 039

1

What do you want to do at the weekend?
週末に何をしたい？

Let's go on a day trip to the beach.
ビーチへ日帰り旅行に行こうよ。

2

What can we do in Brighton?
ブライトンでは何ができるの？

We can enjoy the beach. There are also lots of interesting shops and restaurants.
ビーチが楽しめるよ。それに、面白い店やレストランもいっぱいある。

3

Is there anywhere near London where we can go hiking?
ロンドンの近くでハイキングに行ける場所はある？

We can go hiking near the south coast.
南海岸の近くならハイキングができるよ。

4 I heard the Cotswolds is a nice area to visit. Is it easy to get to?
コッツウォルズがいい所だと聞いたけど。行きやすい場所？

You can get there by train in about two hours. There are some guided tours, too.
電車で2時間くらいかな。ガイド付きツアーもある。

5 I want to visit Bath. Can we go for a day trip?
バースに行ってみたいんだけど。日帰りで行ける？

It's probably better to spend the night in a hotel.
一晩ホテルに泊まった方がいいよ。

Tips

1. 「週末に」はイギリス英語では主にat the weekendになりますが、アメリカ英語ではon the weekendが使われることが多いです。
2. ブライトンのビーチはとても人気があります。ただし、砂ではなく、小石のビーチです。
3. south coastは海だけではなく、ハイキングやウォーキングができるエリアです。
4. Cotswolds（コッツウォルズ）はイングランドの中央部にある丘陵地帯です。美しい村が数多くあります。
5. be better to...は「〜をした方がよい」という意味になります。

6

What is this town famous for?
この町は何が有名？

It is famous for its beautiful cathedral.
美しい大聖堂が有名だね。

7

Have you ever been to York? I want to go there.
ヨークに行ったことはある？　行ってみたいんだけど。

Yes, I used to live there. It has many old historical buildings.
ああ、昔住んでいたよ。古い歴史的な建造物がたくさんある。

8

Shall we go on a trip to Cambridge tomorrow?
明日は日帰りでケンブリッジに旅行しない？

Good idea! We can go there by train.
それはいいね！　電車で行けるよ。

9

Is it easy to get to Stonehenge from London?

ロンドンからストーンヘンジへは行きやすい？

Well, it's not that far, but the site is quite far from a station, so you need to take a train then a bus.

まぁ、そんなに遠くないけど、駅から結構遠いから電車を降りてからバスに乗る必要があるかな。

10

Let's take a trip to Dublin. Flights are cheap at the moment.

ダブリンに旅行に行こうよ。今、航空券が安いから。

Great! If you look up flight times, I'll look for a hotel.

いいね！ 君が飛行機の時間を調べてくれるなら、私はホテルを探しておくよ。

Tips

6. be famous for（〜で有名）の代わりにbe known for...（〜で知られている）という表現を使うこともできます。

7. used to＋動詞は「昔〜をしていた」という意味になる表現です。

8. Good idea! や Good plan. / Sounds good. は全部相手の提案に賛成する際に使うレスポンスです。

9. quiteはイギリス英語では「結構、まあまあ」という意味ですが、アメリカ英語だともっと強い「とても、すごく」という意味になります。

10. look upという句動詞は「調べる」という意味になります。

オックスフォードに旅行しよう！

アキと同級生の会話です。オックスフォードへの旅行を
計画しているようです。

🔊 040

Classmate: Have you ever been to Oxford?

Aki: No, I haven't. But I want to go someday.

Classmate: I was thinking of going there tomorrow. Why don't you join me?

Aki: Thanks! That sounds great! How do we get there?

Classmate: We can get there by train. It only takes about an hour.

Aki: Oh, it's nearer than I thought. Do you plan to stay the night?

Classmate: No, we can just come back in the evening.

Aki: What do you want to do there?

Classmate: I want to see the university buildings, do some shopping, and eat some good food.

Aki: Sounds great! I can't wait!

訳

同級生：オックスフォードに行ったことある？

アキ：行ったことはないよ。でも、いつかは行ってみたいな。

同級生：明日オックスフォードに行こうと考えていて。一緒に行く？

アキ：ありがとう！　それは楽しそう。どうやって行くの？

同級生：電車で行けるよ。1時間くらいしかかからない。

アキ：お、思ったより近いんだね。1泊する予定？

同級生：いいや、夜には帰れるよ。

アキ：そこで何をするつもり？

同級生：大学の建物を見たり、買い物したり、おいしいものを食べたりしたいかな。

アキ：それはいいね！　楽しみ！

Unit 10に出てきた文中表現の復習です。答えはページの下にあります。

① ブライトンへ旅行に行こうよ。

Let's ( ) a ( ) to Brighton.

② ストーンヘンジに行ったことある？

( ) you ( ) been to Stonehenge?

③ バースでは何ができるの？

What is ( ) ( ) do in Bath?

④ オックスフォードまで電車でどのくらい時間がかかるの？

How long does it ( ) to get to Oxford ( ) train?

⑤ （その町は）大聖堂で有名。

It's ( ) ( )its cathedral.

⑥ 今ケンブリッジに向かっている！

Now ( ) to Cambridge!

⑦ 待ちきれないくらい楽しみだわ！

I'm so ( ), I can't ( )!

⑧ ここの景色は日本の景色と全く違う。

The ( ) here is very ( ) to the scenery in Japan.

⑨ このフードマーケットでいろいろな名物を食べてみた。イギリス料理はみんなが思っているよりおいしいよ！

I tried lots of local ( ) at this food market.
British food is ( ) than you ( )!

⑩ これは今までに乗った中で一番景色の良い電車の旅の1つだ。

This is one of the most ( ) train rides I've ever been
( ).

① take / trip ② Have / ever ③ there to ④ take / by ⑤ famous for
⑥ heading ⑦ excited / wait ⑧ scenery / different ⑨ specialities / better /
think ⑩ scenic / on

●著者プロフィール

Mairi McLaren（マリ・マクラーレン）

著述家、ブロガー、英語教師。生まれと育ちはイギリスのベッドフォードシャー。2001年にヨーク大学（生物学）を卒業し、2005年に来日。2年間京都府福知山市の教育委員会に勤め、2007年に東京に引っ越す。2007年以来、東京の私立高校で英語教師として勤務中。2017年にポーツマス大学で応用言語学の修士号を取得。

ネイティブが教える
イギリス英語フレーズ1000

2024年1月5日　第1版第1刷発行

著者：マリ・マクラーレン

校正：熊沢敏之、高橋清貴
装丁：松本田鶴子
表紙イラスト：bebe/Adobe Stock
本文イラスト：大崎メグミ

発行人：坂本由子
発行所：コスモピア株式会社
〒151-0053 東京都渋谷区代々木 4-36-4 MC ビル 2F
営業部：Tel: 03-5302-8378 email: mas@cosmopier.com
編集部：Tel: 03-5302-8379 email: editorial@cosmopier.com

https://www.cosmopier.com/（会社・出版物案内）
https://e-st.cosmopier.com/（コスモピア e ステーション）

印刷・製本／シナノ印刷株式会社

イギリス英語の発音も音読も！

　第1週では、イギリス英語の母音・子音、イギリス英語のリズムなど、イギリス英語の発音の仕方に焦点を当てたトレーニングで発音力とリスニング力を鍛えます。

　第2週では、『不思議のアリス』やシャーロック・ホームズといった名作古典や、エマ・ワトソン、ベネディクト・カンバーバッチ、ダイアナ妃といった英国の著名人のスピーチを実際に音読していきます。

2週間で攻略！
イギリス英語の音読ゼミ

小川 直樹・著
A5 判書籍 134 ページ
価格：1,760 円（税込）
音声ダウンロード＋電子版付き

1st Week	2nd Week
Day 1 イギリス発音概論	Day 8 『不思議の国のアリス』で音読①
Day 2 イギリス英語の母音①	Day 9 『不思議の国のアリス』で音読②
Day 3 イギリス英語の母音②	Day 10 シャーロック・ホームズで音読①
Day 4 イギリス英語の母音③	Day 11 シャーロック・ホームズで音読②
Day 5 イギリス英語の子音	Day 12 エマ・ワトソンのスピーチで音読
Day 6 イギリス英語の弱母音	Day 13 カンバーバッチの朗読で音読
Day 7 イギリス英語のリズム	Day 14 ダイアナ元妃のスピーチで音読

英語と米語の違いとは？

イギリス英語とアメリカ英語はどのぐらい違うものなのか、発音や英単語、言い回し、社会的背景を比較しながら、8名の生の英語リスニングに挑戦します。話すのはどちらでもよくても、リスニングは両方できるに越したことはありません。matchとgame、shopとstoreなどの単語そのものの違い、つづりの違い、数え方の違い、前置詞の使い方の違いから、祝祭日や教育制度の違いまでを踏まえつつ、聞き取りのポイントを丁寧に解説します。

8人のリアルな音声で聞く！
イギリス英語とアメリカ英語

中西のりこ・著
A5 判書籍 171 ページ
価格：1,980 円（税込）
CD 付き

- ●第 1 章 発音のちがいを比較
  デービッド・キャメロン、ヒラリー・クリントン

- ●第 2 章 英単語のちがいを比較
  エマ・ワトソン、シェリル・サンドバーグ

- ●第 3 章 言い回しのちがいを比較
  リチャード・ブランソン、イーロン・マスク

- ●第 4 章 文化的背景のちがいを比較
  ベネディクト・カンバーバッチ、ロバート・ダウニー・Jr.